CSRD ESSENTIALS

LA GUÍA DEFINITIVA DE LA DIRECTIVA EUROPEA SOBRE PRESENTACIÓN DE INFORMACIÓN SOBRE SOSTENIBILIDAD POR PARTE DE LAS EMPRESAS

≡ Índice

índice de infografías

GRI **CSRD** ESSENTIALS
LA GUÍA DEFINITIVA DE LA DIRECTIVA EUROPEA
SOBRE PRESENTACIÓN DE INFORMACIÓN SOBRE
SOSTENIBILIDAD POR PARTE DE LAS EMPRESAS

4

Prólogo

Por Pascal Durand, eurodiputado y relator de la CSRD

Durante la última década, la forma en que los consumidores y los operadores del mercado ven las cuestiones de sostenibilidad y responsabilidad empresarial corporativa ha evolucionado significativamente. Consecuentemente, la Unión Europea ha tenido que adaptar la legislación sobre divulgación corporativa, de acuerdo con sus valores y principios. Con la adopción final de la *Directiva sobre presentación de información sobre sostenibilidad por parte de las empresas* (CSRD) en diciembre de 2022 y las posteriores *Normas Europeas de Información sobre Sostenibilidad* (NEIS), la Unión Europea se encuentra ahora en un momento decisivo, un momento en el que la aplicación

de las normas de presentación de información por parte de los operadores del mercado, supervisados por las autoridades, puede ser transformadora para la economía y la sociedad. Este nuevo marco no pretende menoscabar el mundo empresarial, sino poner fin a la naturaleza hasta ahora demasiado arbitraria y dispar de la información sobre sostenibilidad, para crear valor real y duradero, lejos de lógicas cortoplacistas centradas únicamente en maximizar beneficios.

De conformidad con la CSRD, las empresas deberán informar sobre las incidencias de sus actividades en el medio ambiente y la sociedad, así como los riesgos y oportunidades (financieros) relacionados, utilizando las NEIS. También se les exigirá que aporten verificación de la información presentada con transparencia e informes estandarizados. La UE envía una señal contundente para impulsar el progreso hacia una sociedad más sostenible, y transmite un mensaje de esperanza y humanidad en relación con la lucha contra los abusos diarios en las cadenas de suministro globales.

Las organizaciones ahora tendrán que evaluar cómo sus operaciones afectan al mundo en general, y lo harán mediante un proceso de evaluación de doble materialidad, conocido como «materialidad en términos de impacto». También tendrán que evaluar cómo

las cuestiones de sostenibilidad, a su vez, afectan a sus resultados, es decir, la «materialidad financiera relacionada con la sostenibilidad». Esto ayudará a que la actividad económica sea más ética, y a limpiar el mercado. Mediante la declaración de las acciones contra la deforestación y los abusos de los derechos sociales, las empresas se encontrarán en una situación competitiva más clara y transparente en comparación con aquellas que continúan importando madera ilegalmente o utilizando trabajo infantil. En pocas palabras, esto marca el fin de las declaraciones hechas por empresas únicamente por razones de imagen pública: tener un historial intachable en materia de derechos humanos será tan importante como tener un balance impecable.

La UE no está sola en este camino. A nivel mundial, la presentación de información sobre sostenibilidad ha pasado de ser una actividad especializada, adoptada por unas pocas empresas, a una práctica común y cada vez más demandada por miles de organizaciones en todo el mundo. Hoy en día, más de 130 países en todo el mundo exigen la presentación de información sobre sostenibilidad, voluntaria u obligatoria. Dado que las obligaciones de presentación de información también se aplicarán a un importante número de empresas con sede fuera de la UE, los responsables europeos de la toma de decisiones y el organismo delegado para el

establecimiento de estándares de la UE (EFRAG)
deberán maximizar el desarrollo de normas financieras
y relacionadas con los impactos compatibles con las
que ya se utilizan a nivel mundial (como GRI, Task
Force on Climate-Related Financial Disclosure o
Carbon Project Disclosure).

La CSRD puede parecer al principio una normativa
obligatoria compleja. El presente trabajo, realizado de
manera colaborativa y transparente por varios grupos
de interés, muestra que sus reglas son, de hecho,
bastante fáciles de entender y aplicar. Me gustaría
agradecer a todas las personas que contribuyeron
a estos documentos informativos, que continúan el
trabajo del legislador y arrojan luz sobre él.

Pascal Durand

GRI **CSRD** ESSENTIALS

LA GUÍA DEFINITIVA DE LA DIRECTIVA EUROPEA
SOBRE PRESENTACIÓN DE INFORMACIÓN SOBRE
SOSTENIBILIDAD POR PARTE DE LAS EMPRESAS

● ● ● ● ● ● ● ● ● ● ● ● ● ● ● ● ● ●   ☰   6

NFRD vs. CSRD: ¿cuáles son las novedades?

La CSRD (Directiva UE 2022/2464) no surgió de la nada; su desarrollo está profundamente arraigado en la historia reciente, comenzando en 2014, cuando entró en vigor la *Directiva sobre información no financiera* (NFRD).

La NFRD era un marco regulatorio dentro de la Unión Europea (UE) diseñado para mejorar la transparencia y la divulgación de información no financiera por parte de ciertas grandes empresas y grupos dentro de la UE. Fue adoptada por el Parlamento Europeo y el Consejo de la Unión Europea el 22 de noviembre de 2014.

La NFRD animaba a las empresas a considerar factores medioambientales, sociales y de gobernanza en sus estrategias y operaciones comerciales, y exigía a las empresas que divulgaran cierta información no financiera. Afectó a unas 11.000 empresas, y hacía referencia directa a los Estándares GRI y a otros marcos.

La directiva se aplicaba a las grandes entidades de interés público (EIP) con más de 500 trabajadores, incluidas empresas que cotizan en mercados regulados, entidades de crédito y aseguradoras, así como a algunas otras grandes empresas incluidas en el ámbito de aplicación por decisión de los Estados miembros de la UE. Las empresas incluidas en el ámbito de aplicación de la directiva debían divulgar información no financiera en su informe de gestión o en un informe separado publicado junto con su informe de gestión. Este estado cubría información sobre cuestiones medioambientales, sociales, relacionadas con los trabajadores, el respeto de los derechos humanos, y la lucha contra la corrupción y el soborno. Con ese fin, la Comisión Europea emitió directrices no vinculantes para ayudar a las empresas a divulgar información relevante de una manera más coherente y comparable. Si una empresa decidía no divulgar cierta información, estaba obligada a dar una explicación clara y justificada de esa omisión.

La NFRD no exigía verificación de la información sobre sostenibilidad divulgada, aunque los Estados miembros de la UE eran libres de establecer sus propios requisitos de verificación. Si bien marcó un hito en la comparabilidad de la divulgación de información sobre sostenibilidad, tuvo un alcance bastante limitado, tanto en lo que respecta a los requisitos de presentación de información, como al tipo de empresas afectadas.

Con la CSRD, muchas más empresas tendrán que proporcionar información cualitativa y cuantitativa estandarizada, tanto prospectiva como retrospectiva.

INFOGRAFÍA 1 NFRD vs. CSRD:¿cuáles son las novedades?

NFRD — Directiva sobre información no financiera

A quién afecta	¿Cuándo?	Requisitos de divulgación	Requisito de evaluación	Requisito de auditoría	Formato de presentación	Ubicación	Normas
Aprox. 11.700 empresas que incluyen: • Grandes entidades de interés público (> 500 trabajadores) como: - Empresas cotizadas - Bancos y aseguradoras, etc. Si superan ciertos umbrales	2018: primera presentación de información	Divulgar información sobre: 1. Medio ambiente 2. Cuestiones sociales y relativas al personal 3. Respeto de los derechos humanos 4. Lucha contra la corrupción y el soborno + presentar información general (modelo de negocio, proceso de diligencia debida, etc.)	Doble materialidad en las directrices de la NFRD (legislación no vinculante)	De forma voluntaria por parte de los Estados miembros	Informes online/ formato PDF	En el informe de gestión o en un estado no financiero separado	Divulgación voluntaria basada en directrices internacionales, europeas o nacionales

A quién afecta	¿Cuándo?	Requisitos de divulgación	Requisito de evaluación	Requisito de auditoría	Formato de presentación	Ubicación	Normas
Aprox. 42.500 empresas, que incluyen: • Entidades de interés público (EIP) pequeñas, medianas y grandes • Grandes empresas • Empresas de terceros países Si superan ciertos umbrales. Ejemplo: Las grandes empresas deben superar al menos dos de los tres criterios siguientes: - 25 m€ (total de partidas del activo); - 50 m€ de cifra anual de negocios; - 250 trabajadores durante el ejercicio	2025: primera presentación de información de grandes empresas cotizadas. 2026: primera presentación de información de grandes empresas. 2027: primera presentación de información de pymes que son EIP (con opción de exclusión hasta 2029). 2029: primera presentación de información de empresas de terceros países	Divulgar información sobre 10 temas de conformidad con las normas de la UE (NEIS): 1. Cambio climático 2. Contaminación 3. Recursos hídricos y marinos 4. Biodiversidad y ecosistemas 5. Uso de los recursos y economía circular 6. Personal propio 7. Trabajadores en la cadena de valor 8. Colectivos afectados 9. Consumidores y usuarios finales 10. Conducta empresarial (modelo de negocio, cadena de valor, opiniones de los grupos de interés, diligencia debida, etc.) + presentar divulgaciones generales	Doble materialidad en la directiva (legislación vinculante)	Pasa de una verificación limitada de la presentación de información (para el primer Estado de sostenibilidad) a una verificación razonable de la presentación de información (tras la adopción de una norma al respecto a más tardar el 1 de octubre de 2028)	Formato de los Estados de sostenibilidad legible por humanos con datos estructurados legibles por máquinas, compatible con el Formato Electrónico Único Europeo (FEUE), basado en XBRL online	Apartado específico del informe de gestión	Divulgación obligatoria basada en las Normas Europeas de Información sobre Sostenibilidad (NEIS), incluidas normas sectoriales e independientes del sector y una sólida evaluación de la materialidad

CSRD — Directiva sobre presentación de información sobre sostenibilidad por parte de las empresas

Infografía de Lefebvre Sarrut en colaboración con la GRI y el eurodiputado Pascal Durand, relator de la CSRD

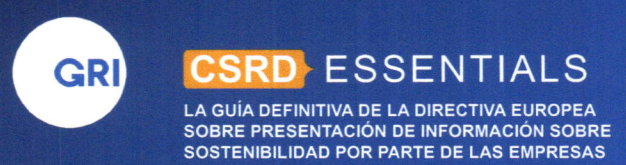

GRI

CSRD ESSENTIALS

LA GUÍA DEFINITIVA DE LA DIRECTIVA EUROPEA
SOBRE PRESENTACIÓN DE INFORMACIÓN SOBRE
SOSTENIBILIDAD POR PARTE DE LAS EMPRESAS

8

Ámbito de aplicación

La CSRD da un gran salto en su ámbito de aplicación en comparación con la NFRD, a la que reemplaza. La CSRD se aplicará directamente a unas 42.500 empresas con sede en la UE, en comparación con las 11.000 empresas incluidas en el ámbito de aplicación de la NFRD.

Si bien la UE no ha comunicado ninguna cifra oficial, a miles de empresas con sede fuera de la UE también se les aplicarán estas nuevas normas.

El tipo de empresas cubiertas por la directiva en cada Estado miembro se enumera en el Anexo I de la Directiva contable (2013/34/UE). En la mayoría de los casos se trata de sociedades anónimas y sociedades de responsabilidad limitada. Para las empresas que no se rigen por la legislación de un Estado miembro de la UE, las obligaciones se definen por la forma jurídica que es comparable con los tipos de empresas enumeradas en este anexo específico.

Varios tipos de empresas entran dentro del ámbito de aplicación de la CSRD, dependiendo de criterios específicos de tamaño. Este es el caso de las entidades de interés público (EIP) grandes, pequeñas y medianas, es decir:

- Sociedades cotizadas en mercados regulados. Estos mercados, como determinadas Bolsas de Valores, están reconocidos por las autoridades nacionales y funcionan de conformidad con las disposiciones de las normas de la UE sobre «mercados de instrumentos financieros»[1].

- Entidades de crédito, aseguradoras, mutuas u otras, incluidas las cooperativas.
  - Los Estados miembros pueden optar por excluir a los bancos centrales y a determinadas entidades de crédito públicas.
- Los Estados miembros podrán optar por incluir algunas empresas en la lista de EIP a nivel nacional.

Además, determinados productos financieros, como los planes de pensiones o las empresas dedicadas a inversiones transfronterizas, quedan excluidos del ámbito de aplicación de esta directiva.

Además de las entidades mencionadas anteriormente, todas las empresas con sede en la UE que superen al menos dos de los tres umbrales enumerados a continuación entran dentro del ámbito de aplicación de la CSRD[2]. Los siguientes umbrales también se aplican a nivel grupo. Definen «grandes empresas» según la legislación de la UE:

- cifra anual de negocios de 50 millones de euros;
- total de partidas del activo de 25 millones de euros;
- al menos 250 trabajadores.

Se define como micro, pequeña y mediana empresa a las empresas con menor volumen de negocios, balance y/o número de trabajadores. Los siguientes umbrales también se aplican a nivel grupo.

¿Qué es una sucursal?

En el Derecho de la UE, una sucursal es un lugar de negocios distinto de la sede central, que constituye una parte sin personalidad jurídica de una empresa de servicios de inversión, y que presta actividades o servicios de inversión, y que también puede realizar la recepción y transmisión de órdenes en relación con uno o más instrumentos financieros para los que la empresa ha sido autorizada.

1 Directiva 2014/65/UE (MIFID).
2 Según los últimos ajustes de la Comisión de conformidad con el acto delegado de la UE del 17/10/2023.

Las microempresas que no superen dos de los
siguientes criterios no están dentro del ámbito de
aplicación de la directiva:

- Una cifra anual de negocios de 900.000 euros;
- total de partidas del activo de 450.000 euros;
- 10 trabajadores.

Las empresas con sede fuera de la UE y con una filial
cotizada grande, pequeña o mediana, o una sucursal en
la UE, entran en el ámbito de aplicación de la CSRD si:

- la filial, grande, pequeña o mediana, es una entidad
  de interés público y cotiza en un mercado regulado
  de la UE;
- la sucursal genera más de 40 millones de euros de
  cifra anual de negocios;
- La empresa propietaria de la sucursal o que controla
  la filial genera más de 150 millones de euros en la UE
  durante al menos dos años consecutivos.

Cláusula de revisión de la directiva

A más tardar en abril de 2029, la Comisión deberá
proporcionar una evaluación acerca de si el
ámbito de aplicación debe ampliarse más, y de
qué manera, especialmente en relación con las
pequeñas y medianas empresas y las empresas
de terceros países. También deberá proporcionar
una evaluación del número de pymes que han
utilizado voluntariamente las Normas Europeas
de Información sobre Sostenibilidad (NEIS) no
vinculantes para pymes.

INFOGRAFÍA 2 **CSRD: ¿quién y cuándo?**

2025 con los datos de 2024	**2026** con los datos de 2025	**2027** con los datos de 2026	**2028** con los datos de 2027	**2029** con los datos de 2028	**Umbrales (m = millones)**

Grandes empresas cotizadas
- que el total de las partidas del activo sea superior a 25 m€;
- y/o una cifra anual de negocios superior a 50 m€;
- con más de 500 trabajadores durante el ejercicio.

Empresas y grupos grandes
Que superen al menos dos de los tres criterios siguientes:
- 25 m€ (total de partidas del activo);
- 50 m€ de cifra anual de negocios;
- 250 trabajadores durante el ejercicio.

Entidades de interés público (EIP) distintas de **grandes empresas cotizadas, entidades de crédito y empresas de seguros**
Pendiente de la normativa aplicable del Estado miembro.

Sociedades matrices cotizadas de un grupo grande
- que el total de las partidas del activo sea superior a 25 m€;
- y/o una cifra anual de negocios superior a 50 m€;
- con más de 500 trabajadores (a nivel grupo) durante el ejercicio.

Sociedades matrices de un grupo grande
Que superen al menos dos de los tres criterios siguientes de manera consolidada:
- 25 m€ (total de partidas del activo);
- 50 m€ de cifra anual de negocios;
- 250 trabajadores (a nivel grupo) durante el ejercicio financiero.

—— Posibilidad de exclusión voluntaria de 2 años ——
Pequeñas y medianas empresas (pymes) cotizadas
Que no excedan dos de los tres criterios siguientes:
- 25 m€ (total de partidas del activo);
- 50 m€ de cifra anual de negocios;
- 250 trabajadores durante el ejercicio.

Entidades de crédito pequeñas y no complejas que sean entidades de interés público pequeñas y medianas, o grandes empresas
Umbrales de [ ] o [ ]

Empresas de seguros o reaseguros cautivas si son entidades de interés público pequeñas y medianas, o grandes empresas
Umbrales de [ ] o [ ]

SOLO INFORMES SOBRE IMPACTOS **Empresas de terceros países**
- con una cifra anual de negocios consolidada de más de 150 m€ en la UE;
- y con una filial grande o cotizada, o una sucursal europea con una cifra anual de negocios superior a 40 m€.

EXCLUIDAS DEL ÁMBITO DE APLICACIÓN
Microempresa
Que no excedan dos de los tres criterios siguientes:
- 450.000 € (total de partidas del activo);
- 900.000 € de cifra anual de negocios;
- 10 trabajadores durante el ejercicio financiero.

GRI

CSRD ESSENTIALS

LA GUÍA DEFINITIVA DE LA DIRECTIVA EUROPEA
SOBRE PRESENTACIÓN DE INFORMACIÓN SOBRE
SOSTENIBILIDAD POR PARTE DE LAS EMPRESAS

11

Cronograma

INFOGRAFÍA 3 ¿Cuál es el cronograma?

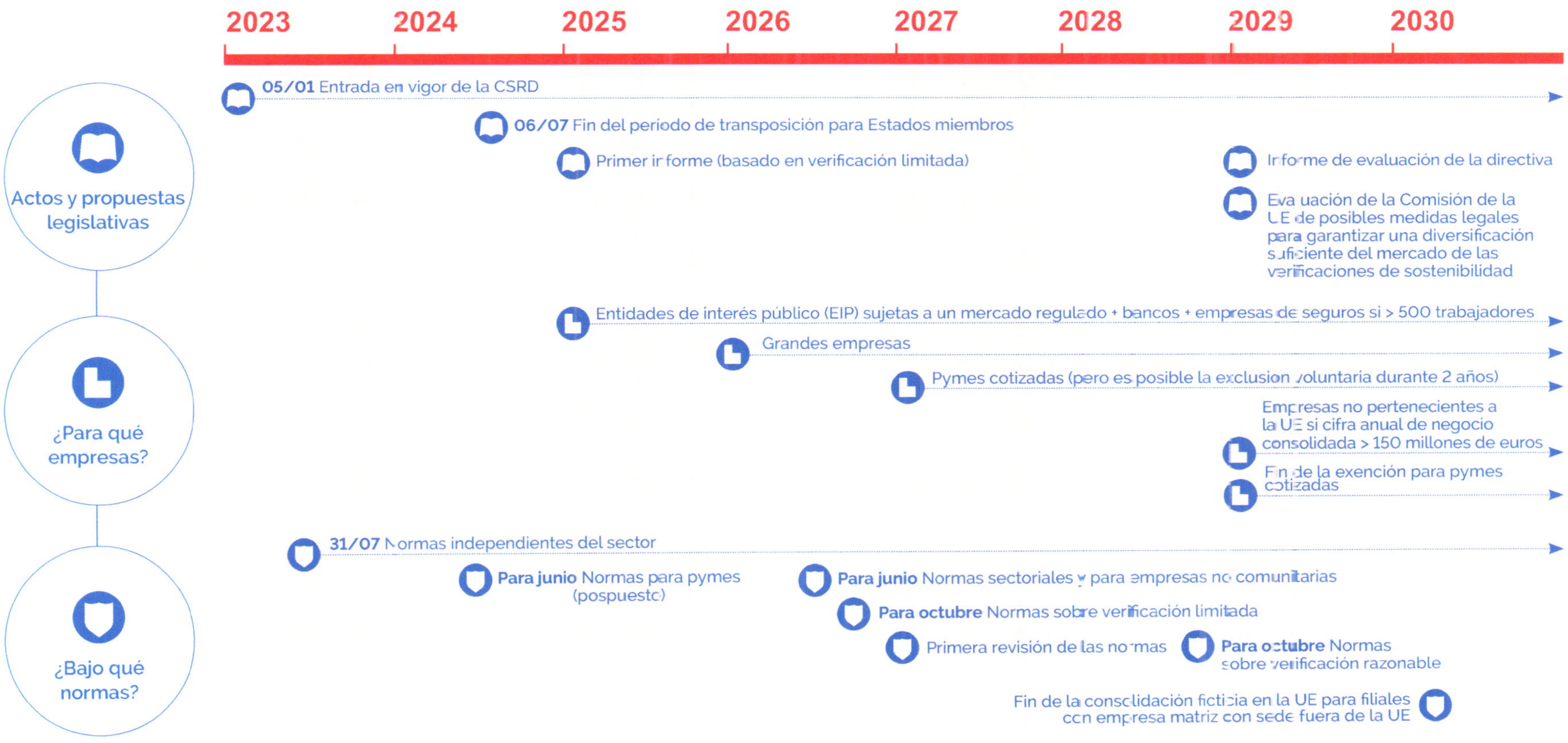

| 2023 | 2024 | 2025 | 2026 | 2027 | 2028 | 2029 | 2030 |

Actos y propuestas legislativas

- **05/01** Entrada en vigor de la CSRD
- **06/07** Fin del periodo de transposición para Estados miembros
- Primer informe (basado en verificación limitada)
- Informe de evaluación de la directiva
- Evaluación de la Comisión de la UE de posibles medidas legales para garantizar una diversificación suficiente del mercado de las verificaciones de sostenibilidad

¿Para qué empresas?

- Entidades de interés público (EIP) sujetas a un mercado regulado + bancos + empresas de seguros si > 500 trabajadores
- Grandes empresas
- Pymes cotizadas (pero es posible la exclusión voluntaria durante 2 años)
- Empresas no pertenecientes a la UE si cifra anual de negocio consolidada > 150 millones de euros
- Fin de la exención para pymes cotizadas

¿Bajo qué normas?

- **31/07** Normas independientes del sector
- **Para junio** Normas para pymes (pospuesto)
- **Para junio** Normas sectoriales y para empresas no comunitarias
- **Para octubre** Normas sobre verificación limitada
- Primera revisión de las normas
- **Para octubre** Normas sobre verificación razonable
- Fin de la consolidación ficticia en la UE para filiales con empresa matriz con sede fuera de la UE

Infografía de Lefebvre Sarrut en colaboración con la GRI
y el eurodiputado Pascal Durand, relator de la CSRD

LEFEBVRE

GRI | **CSRD** ESSENTIALS
LA GUÍA DEFINITIVA DE LA DIRECTIVA EUROPEA
SOBRE PRESENTACIÓN DE INFORMACIÓN SOBRE
SOSTENIBILIDAD POR PARTE DE LAS EMPRESAS

12

Normas Europeas de Información sobre Sostenibilidad (NEIS)

¿Qué son las Normas Europeas de Información sobre Sostenibilidad (NEIS)?

Las NEIS describen los requisitos de divulgación que las empresas deben satisfacer para cumplir la CSRD. La directiva obliga a las empresas que entran dentro de su ámbito de aplicación a adoptar las NEIS cuando presenten información sobre sostenibilidad. Las NEIS se alinean con los objetivos y requisitos establecidos por la CSRD y proporcionan un enfoque estandarizado para la presentación de información sobre sostenibilidad (medioambiental, social y de gobernanza) en toda la UE. En resumen, imponen obligaciones en términos de transparencia, pero no prescriben obligaciones en términos de comportamiento. Como si se trataran de un libro de recetas detallado, proporcionan instrucciones paso a paso para cumplir la directiva.

¿Qué requiere la CSRD para el establecimiento de las NEIS?

El artículo 1 de la CSRD introduce nuevos artículos (19 bis y 29 bis) en la *Directiva contable*, que prescriben con varios niveles de granularidad qué información debe divulgarse sobre cuestiones medioambientales, sociales y de gobernanza. Más específicamente, exigen que las empresas divulguen información sobre cinco áreas de presentación de información:

1. Modelo de negocio;
2. Políticas, incluidos los procesos de diligencia debida implementados;
3. Los resultados de estas políticas;
4. Riesgos y gestión de riesgos;
5. Indicadores clave de rendimiento relevantes para el negocio.

¿Cómo están estructuradas las NEIS?

Hay diferentes conjuntos de NEIS que pueden usar las diferentes empresas en el ámbito de aplicación de la CSRD: las NEIS completas (para su uso por parte de empresas grandes y cotizadas), las normas para pymes cotizadas y las normas para empresas de terceros países.

Las NEIS completas se componen de tres categorías: normas transversales (con independencia del sector), normas temáticas (con independencia del sector) y normas sectoriales específicas.

Normas transversales (NEIS 1 y NEIS 2): Normas que definen los principios generales a la hora de presentar información según las NEIS (NEIS 1). Especifican la «información general» a comunicar, que describe la

El papel del EFRAG en el desarrollo de las NEIS

Las NEIS se basan en el asesoramiento técnico del EFRAG, un organismo asesor independiente con múltiples grupos de interés, financiado principalmente con presupuesto europeo. Como parte de su mandato otorgado por la CSRD para facilitar asesoramiento técnico a la Comisión Europea sobre las NEIS, el EFRAG se encarga de desarrollar normas independientes del sector, normas sectoriales específicas, y normas obligatorias para pymes cotizadas. El desarrollo de los conjuntos iniciales de NEIS será un trabajo de varios años. Aunque esto no formaba parte del mandato de la CSRD como tal, el EFRAG se ha comprometido a redactar normas voluntarias para pymes, así como normas para las empresas que operan en el mercado europeo con sede fuera de la UE. La CSRD exige una revisión periódica de cada norma al menos cada tres años después de su entrada en vigor.

El EFRAG también ha emitido documentos de orientación para la implementación; ha publicado tres «Guías de implementación de las NEIS» para ayudar a cumplir las normas de presentación de información. Estos materiales sin fuerza jurídica sirven como herramientas educativas y se pueden encontrar en la sección REFERENCIAS.

información esencial que debe divulgarse con independencia de los temas de sostenibilidad (NEIS 2), y pueden aplicarse en todos los sectores. Incluyen: si una empresa ha optado por omitir una información específica relacionada con la propiedad intelectual, el *know-how* o los resultados de una innovación, o en qué medida el Estado de sostenibilidad cubre la cadena de valor en fases anteriores y posteriores de la empresa.

Las NEIS 1 y NEIS 2 se aplican a cuestiones de sostenibilidad descritas en las normas temáticas y normas sectoriales. La información solicitada por la NEIS 2 es obligatoria para todas las empresas. Todas las demás normas están sujetas a una evaluación de la materialidad.

Las **normas temáticas** (10 normas) reflejan las tres dimensiones del desarrollo sostenible (ESG). Cada cuestión está indicada por una letra y un número (por ejemplo, NEIS S1 se centra en la cuestión social, específicamente en la organización y su fuerza laboral). Cada norma temática está estructurada en temas, subtemas y subsubtemas de sostenibilidad, denominados colectivamente «cuestiones de sostenibilidad».

Normas sectoriales: a partir de 2027 y tras la adopción de las normas sectoriales por parte de la UE, las empresas deberán divulgar información específica, dependiendo de su sector de actividad. Serán aplicables a todas las empresas de un sector específico (por ejemplo, industria textil, incluidas las actividades de producción de calzado y prendas de vestir). Al abordar los impactos, riesgos

Terminología de las NEIS

Requisitos de divulgación (DR): toda la información que será o podría ser divulgada en las diversas categorías de las NEIS.

Datapoint (DP): son el elemento de información más pequeño y específico de todos los requisitos de divulgación. Puede producirse como información explicativa (por ejemplo, cómo la organización busca garantizar una colaboración significativa con los grupos de interés) o como datos cuantitativos (por ejemplo, el porcentaje del total de trabajadores cubiertos por convenios colectivos). La NEIS 2 y las normas temáticas contienen, en total, más de 1.000 datapoints, pero una empresa no presentará información de todos ellos, solo de aquellos que se consideren de materialidad.

Impactos, riesgos y oportunidades (IRO): se relacionan con cuestiones ambientales, sociales y de gobernanza sobre las que se debe presentar información de las propias operaciones de la empresa y su cadena de valor. Solo se debe presentar información sobre los IRO de materialidad.

Información específica de la entidad: cuando haya impactos, riesgos u oportunidades (IRO) específicos que no se aborden en las NEIS, ya sea a nivel temático o sectorial, pero la empresa los considere de materialidad para la presentación de información, puede ofrecer información adicional específica de la entidad. Esto permite a los usuarios comprender los impactos de estos IRO. En ausencia de normas

sectoriales específicas, las empresas deben presentar información de cada IRO de materialidad, lo que podría dar como resultado una gran cantidad de datos desglosados, específicos de la entidad y no del sector. Al definir la información específica de una entidad para los tres primeros años de presentación de información sobre sostenibilidad, la empresa puede utilizar otros marcos o normas de presentación de información, como las guías IFRS basadas en la industria o los estándares sectoriales GRI, para complementar las divulgaciones de información que aún no estén disponibles en las NEIS.

Evaluación de la materialidad: la NEIS 1 requiere que todas las empresas realicen una evaluación de la materialidad que aplique el principio de doble materialidad (identificación de la materialidad financiera y en términos de impacto). La identificación de las cuestiones de materialidad es el punto de partida para determinar la información de materialidad que se debe divulgar en el Estado de sostenibilidad, y para identificar sobre qué **IRO** relacionados es necesario presentar información, utilizando la norma pertinente. Esta evaluación requiere una toma de decisión por parte de la empresa, que debe definir qué es de materialidad/relevante para sus actividades y en su cadena de valor.

PARA OBTENER MÁS INFORMACIÓN SOBRE LA EVALUACIÓN DE LA MATERIALIDAD, LEA NUESTRO DOCUMENTO INFORMATIVO SOBRE MATERIALIDAD Y SUPERVISIÓN INTERNA, Y NUESTRO GLOSARIO.

y oportunidades de sectores específicos, las NEIS deben garantizar que las organizaciones presenten información que sea específica de ese sector y que no esté ya cubierta, o no esté suficientemente cubierta, por las 10 normas temáticas. Hasta que la UE adopte normas sectoriales específicas, las empresas también tendrán que determinar por sí mismas la información de materialidad específica del sector (utilizando reglas para la divulgación de información específica de cada entidad). Es probable que las empresas o grupos que operan en más de un sector informen de conformidad con más de una norma sectorial. Sin embargo, puede haber cierta superposición en los datapoints.

Normas para pymes cotizadas: la CSRD requiere que estas normas sean más simples que las NEIS completas establecidas para grandes empresas, y proporcionales a la capacidad de las pymes para presentar información, así como a la escala y complejidad de sus actividades. Al menos, deberán incluir requisitos sobre cuestiones de sostenibilidad, incluido un conjunto de parámetros específicos para evaluar cómo las empresas miden su rendimiento y cómo identifican, gestionan y actúan con respecto a los impactos y los riesgos de sus actividades. Se están desarrollando normas de presentación de informes para las pymes cotizadas: deben adoptarse antes de junio de 2026 y aplicarse a partir del año 2026, con la posibilidad de solicitar una opción de «exclusión voluntaria» de dos años (un retraso). Se aplicarán a las pymes que cotizan en mercados regulados, incluidas las pequeñas entidades de crédito cotizadas no complejas,

que son entidades de interés público y las aseguradoras cautivas o empresas de reaseguros.

PARA CONOCER MÁS SOBRE LOS DIFERENTES TIPOS DE PYMES LEA NUESTRO GLOSARIO.

Norma voluntaria (para pymes): esta norma puede utilizarse de forma voluntaria para pymes que no coticen en mercados regulados. Las pymes que no cotizan en bolsa están fuera del ámbito de aplicación de la CSRD; la CSRD no les exige que divulguen información sobre sostenibilidad. Por lo tanto, esta norma no tendrá fuerza jurídica. Su estructura difiere de las demás NEIS y no se requiere verificación de los datos. No obstante, se incorpora una evaluación de la materialidad. Las normas voluntarias deberán ser más básicas y centrarse en información explicativa específica sobre las propias políticas, actuaciones y objetivos de la empresa, así como en información sobre prestamistas, inversores y clientes.

Normas para empresas de terceros países: especifican la información que debe incluirse en el Estado de sostenibilidad de las empresas de terceros países, que generen una cifra anual de negocios de 150 millones de euros en la UE, y que tengan al menos una filial o sucursal en la UE. Estas normas deben adoptarse para junio de 2026 y aplicarse a partir del año fiscal 2028. Solo abordarán el rendimiento en materia de sostenibilidad de las empresas, centrándose en sus impactos.

Además, la CSRD ofrece a la Comisión Europea la posibilidad de permitir que empresas de terceros países dentro del ámbito de aplicación de la CSRD, o sociedades matrices no pertenecientes a la UE de filiales de la UE (como aquellas con sede en EE.UU. o el Reino Unido), utilicen normas de sostenibilidad equivalentes a las NEIS. En ese caso, la Comisión Europea deberá otorgar primero un estatus de equivalencia a esas jurisdicciones.

INFOGRAFÍA 4 Cuestiones de sostenibilidad contempladas en las NEIS temáticas – 1/2

NEIS E1
CAMBIO CLIMÁTICO

- Adaptación al cambio climático
- Mitigación del cambio climático
- Energía

NEIS E2
CONTAMINACIÓN

- Contaminación del aire
- Contaminación del agua
- Contaminación del suelo
- Contaminación de organismos vivos y recursos alimentarios
- Sustancias preocupantes
- Sustancias extremadamente preocupantes
- Microplásticos

NEIS E3
RECURSOS HÍDRICOS Y MARINOS

- Recursos hídricos
  - Consumo de agua
  - Extracciones de agua
  - Vertidos de agua
  - Vertidos de agua en los océanos
- Recursos marinos
  - Extracción y utilización de los recursos marinos

NEIS E4
BIODIVERSIDAD Y ECOSISTEMAS

- Factores de impacto directo sobre la pérdida de biodiversidad
  - Cambio climático
  - Cambio del uso de la tierra, cambio del uso de las aguas dulces y cambio del uso del mar
  - Explotación directa
  - Especies exóticas invasoras
  - Contaminación
  - Otros
- Impactos sobre el estado de las especies
  - Ejemplos: Tamaño de la población de las especies, Riesgo de extinción de las especies a escala mundial
- Impactos sobre la extensión y el estado de los ecosistemas
  - Ejemplos: Degradación de tierras, desertificación, sellado del suelo
- Impactos sobre los servicios ecosistémicos y dependencias de estos servicios

NEIS E5
USO DE LOS RECURSOS Y ECONOMÍA CIRCULAR

- Entradas de recursos, incluida la utilización de los recursos
- Salidas de recursos relacionadas con los productos y servicios
- Residuos

Infografía de Lefebvre Sarrut en colaboración con la GRI y el eurodiputado Pascal Durand, relator de la CSRD

INFOGRAFÍA 4 **Cuestiones de sostenibilidad contempladas en las NEIS temáticas – 2/2**

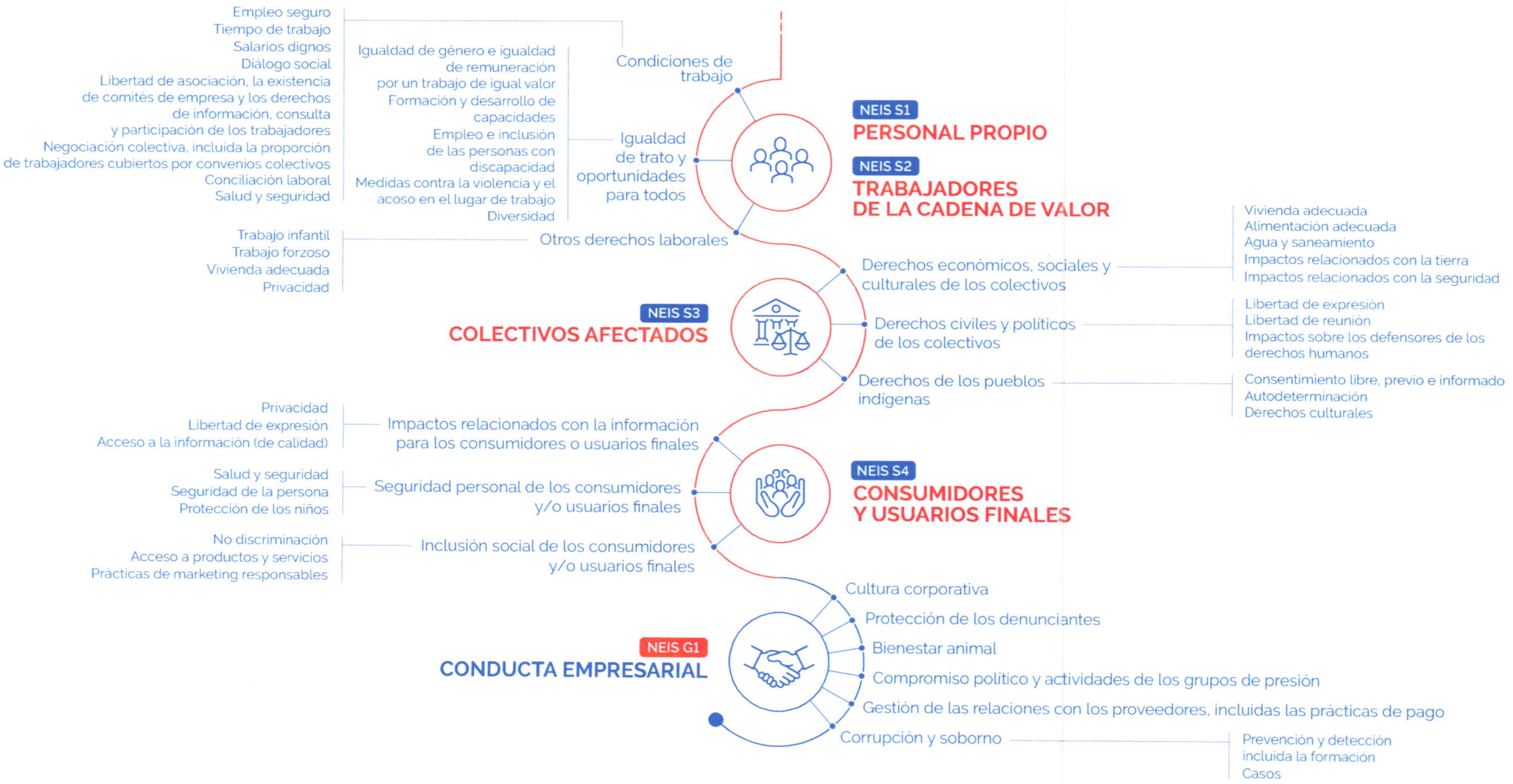

Empleo seguro
Tiempo de trabajo
Salarios dignos
Diálogo social
Libertad de asociación, la existencia
de comités de empresa y los derechos
de información, consulta
y participación de los trabajadores
Negociación colectiva, incluida la proporción
de trabajadores cubiertos por convenios colectivos
Conciliación laboral
Salud y seguridad

Igualdad de género e igualdad
de remuneración
por un trabajo de igual valor
Formación y desarrollo de
capacidades
Empleo e inclusión
de las personas con
discapacidad
Medidas contra la violencia y el
acoso en el lugar de trabajo
Diversidad

Condiciones de
trabajo

Igualdad
de trato y
oportunidades
para todos

NEIS S1
PERSONAL PROPIO

NEIS S2
**TRABAJADORES
DE LA CADENA DE VALOR**

Trabajo infantil
Trabajo forzoso
Vivienda adecuada
Privacidad

Otros derechos laborales

Derechos económicos, sociales y
culturales de los colectivos

Vivienda adecuada
Alimentación adecuada
Agua y saneamiento
Impactos relacionados con la tierra
Impactos relacionados con la seguridad

NEIS S3
COLECTIVOS AFECTADOS

Derechos civiles y políticos
de los colectivos

Libertad de expresión
Libertad de reunión
Impactos sobre los defensores de los
derechos humanos

Derechos de los pueblos
indígenas

Consentimiento libre, previo e informado
Autodeterminación
Derechos culturales

Privacidad
Libertad de expresión
Acceso a la información (de calidad)

Impactos relacionados con la información
para los consumidores o usuarios finales

Salud y seguridad
Seguridad de la persona
Protección de los niños

Seguridad personal de los consumidores
y/o usuarios finales

NEIS S4
**CONSUMIDORES
Y USUARIOS FINALES**

No discriminación
Acceso a productos y servicios
Prácticas de marketing responsables

Inclusión social de los consumidores
y/o usuarios finales

Cultura corporativa

Protección de los denunciantes

Bienestar animal

NEIS G1
CONDUCTA EMPRESARIAL

Compromiso político y actividades de los grupos de presión

Gestión de las relaciones con los proveedores, incluidas las prácticas de pago

Corrupción y soborno

Prevención y detección
incluida la formación
Casos

 **LEFEBVRE**

Infografía de Lefebvre Sarrut en colaboración con la GRI
y el eurodiputado Pascal Durand, relator de la CSRD  **LEFEBVRE SARRUT**

GRI

CSRD ESSENTIALS
LA GUÍA DEFINITIVA DE LA DIRECTIVA EUROPEA
SOBRE PRESENTACIÓN DE INFORMACIÓN SOBRE
SOSTENIBILIDAD POR PARTE DE LAS EMPRESAS

17

Interconexiones normativas

Las obligaciones legales de presentación de información sobre sostenibilidad por parte de las empresas a menudo se encuentran dispersas en varias normas. A pesar de la inclusión de más de 40 referencias a otras normas en la CSRD, su objetivo principal es establecer coherencia en los requisitos de divulgación. Al hacerlo, la CSRD no solo agrega un valor significativo, sino que también simplifica el proceso de presentación de información tanto para los que la elaboran como para los usuarios. El siguiente resumen presenta definiciones concisas de las referencias cruzadas esenciales a otras normas. También busca mejorar la comprensión de la estructura de las medidas obligatorias descritas en la directiva y aclarar las implicaciones para las empresas que participan en la preparación de sus informes de gestión.

La CSRD (Directiva 2022/2464/UE) modifica cuatro actos legislativos estructurales europeos en el ámbito del derecho de sociedades:

1. La Directiva contable (Directiva 2013/34/UE) establece reglas y normas para la preparación y presentación de estados financieros y de sostenibilidad por parte de las empresas.

Esta directiva armoniza las normas y reglamentos contables en todos los Estados miembros de la UE. Su objetivo es garantizar la coherencia y comparabilidad de los estados financieros y la información de sostenibilidad proporcionada por las empresas.

Las medidas obligatorias incluyen:

- preparación de estados financieros (consolidados);
- especificación del contenido del informe de gestión, incluyendo información adicional sobre sus resultados, posición y evolución futura;
- requisitos de auditoría y verificación de los estados financieros y el Estado de sostenibilidad;
- definiciones, criterios de tamaño y umbrales para empresas y grupos, para determinar el nivel de los requisitos de divulgación y presentación de información de las empresas.

Qué modifica la CSRD:
La CSRD amplía las reglas existentes que rigen la divulgación de información financiera para abarcar detalles específicos sobre la divulgación de información relacionada con la sostenibilidad, incluidos temas medioambientales, sociales, de derechos humanos y de gobernanza. También introduce un formato electrónico único para la elaboración del informe de gestión.

2. La Directiva de transparencia (Directiva 2004/109/CE) tiene como objetivo mejorar la transparencia de los mercados financieros estableciendo requisitos de divulgación para los emisores de valores que cotizan en mercados regulados.

Se centra en mejorar la transparencia en la presentación de información financiera y sobre sostenibilidad de las empresas que cotizan en mercados regulados dentro de la UE.

Medidas obligatorias clave establecidas por la directiva:

- periodicidad de la presentación de informes por parte de las empresas;
- obligaciones para los accionistas cuando sus derechos de voto superen o alcancen determinados umbrales;
- divulgación de información sobre las prácticas de gobierno corporativo de las empresas en un informe sobre gobernanza;
- idioma del informe
- designación de un «Estado miembro de origen» (donde la empresa tiene su domicilio social).

Qué modifica la CSRD:
Para garantizar que las empresas que cotizan en un mercado regulado de la UE cumplan los mismos requisitos de presentación de información sobre sostenibilidad que las empresas no cotizadas dentro del ámbito de aplicación de la Directiva contable, la CSRD modifica la Directiva de transparencia en consecuencia. Además, establece criterios para que la Comisión Europea evalúe la equivalencia de las normas de presentación de información sobre sostenibilidad utilizadas por emisores de terceros países.

3. **La Directiva de auditoría (Directiva 2006/43/CE)** establece normas para la auditoría de cuentas anual de los estados financieros individuales y consolidados y Estados de sostenibilidad en la UE.

Su objetivo es mejorar la calidad y la transparencia de los servicios de auditoría dentro de la UE. Esta directiva establece normas para el nombramiento de auditores de cuentas, la conducta de los auditores de cuentas y la supervisión de las firmas de auditoría.

Elementos clave de la directiva:

- un marco para sistemas de verificación de calidad para que las firmas de auditoría garanticen auditorías coherentes de alta calidad;
- previsiones relativas a un comité de auditoría compuesto por miembros no ejecutivos del órgano de administración o supervisión;
- medidas sobre la independencia de los auditores, para evitar conflictos de intereses;
- medidas para los auditores y sus firmas para impedirles entablar relaciones financieras, comerciales, laborales y de otro tipo que puedan comprometer su independencia;
- requisitos de transparencia sobre la propiedad y la gobernanza de las firmas de auditoría, incluida la divulgación de la estructura jurídica, la propiedad y los acuerdos de gobernanza;
- requisitos de educación, formación y competencias para los auditores de cuentas.

Finalmente, la directiva describe el contenido y el formato de los informes de los auditores y los requisitos para la supervisión pública de los auditores de cuentas y las

firmas de auditoría para garantizar el cumplimiento de las normas profesionales.

Qué modifica la CSRD:
La CSRD introduce una verificación (auditoría) obligatoria de la información sobre sostenibilidad por parte de un tercero independiente. Puede ser el auditor legal, que ya audita la información financiera, o un segundo auditor o un prestador independiente de servicios de verificación (IASP), si lo permiten las autoridades públicas nacionales. En particular, la directiva introduce una verificación limitada en el mercado único europeo, con una transición planificada a una verificación razonable con el tiempo. Al hacer referencia a la lista de servicios prohibidos del *Reglamento de auditoría*, también introduce disposiciones sobre servicios distintos de los de auditoría prohibidos para los auditores de cuentas que prestan servicios de verificación del Estado de sostenibilidad, como servicios de consultoría sobre cuestiones de sostenibilidad (por ejemplo, preparación de una evaluación de la materialidad).

La CSRD también modifica la Directiva de auditoría añadiendo requisitos específicos a las competencias formativas necesarias. Estos requisitos sirven para que los auditores de cuentas sean aptos para realizar trabajos de verificación de la presentación de información sobre sostenibilidad.

En un intento por promover la diversidad en el mercado de la auditoría, la directiva ofrece a los accionistas de empresas con más del 5% de derechos de voto o del 5% del capital, la opción de solicitar la participación de un tercero acreditado para preparar un informe sobre algunos elementos del Estado de sostenibilidad presentado. Este tercero acreditado no

puede estar afiliado a la misma firma o red de auditoría que el auditor que realiza la auditoría de cuentas.

4. **El Reglamento de auditoría (Reglamento (UE) nº 537/2014)** establece requisitos y reglas específicos que rigen la realización y supervisión de las auditorías de cuentas de entidades de interés público.

Complementa a la Directiva de auditoría para establecer reglas y normas para la profesión de auditoría dentro de la UE, y proporciona requisitos adicionales para el contenido del informe de auditoría.

Este Reglamento introduce:

- la rotación obligatoria de las firmas de auditoría para determinadas categorías de empresas (las entidades de interés público; consulte el Glosario para obtener más detalles);
- una lista de servicios distintos de los de auditoría (por ejemplo, servicios de consultoría) que las firmas de auditoría tienen prohibido proporcionar a los clientes que auditan.

Qué modifica la CSRD:
- amplía la prohibición de la prestación de servicios distintos de la auditoría para cubrir la verificación de la presentación de información sobre sostenibilidad;
- amplía los límites de ciertos honorarios de auditoría para incluir los servicios de verificación de la presentación de información sobre sostenibilidad.

Al definir qué información deben divulgar las empresas, la CSRD también hace referencia a otros actos legislativos clave:

El Reglamento europeo de taxonomía sobre inversiones sostenibles (Reglamento (UE) 2020/852)

La CSRD propone integrar los requisitos de divulgación relacionados con la Taxonomía medioambiental de la UE en el marco general de la presentación de información sobre sostenibilidad. Esto significa que las empresas que entren dentro del ámbito de aplicación de la CSRD necesitarían divulgar información sobre en qué medida sus actividades están asociadas con actividades económicas medioambientalmente sostenibles, según lo define el *Reglamento de taxonomía de la UE*.

El Reglamento de taxonomía de la UE establece criterios específicos para que las actividades económicas se clasifiquen como medioambientalmente sostenibles. Se centra en actividades económicas que contribuyen sustancialmente a uno o más de los objetivos medioambientales, sin perjudicar significativamente (menoscabar) otros objetivos.

Los objetivos medioambientales contemplados por el reglamento incluyen:

- **Mitigación del cambio climático:** actividades que contribuyan a la reducción de las emisiones de gases de efecto invernadero y la transición hacia una economía de bajas emisiones de carbono;
- **Adaptación al cambio climático:** actividades que mejoran la resiliencia a los impactos del cambio climático, y ayudan a la sociedad y los ecosistemas a adaptarse a las condiciones climáticas cambiantes;
- **Uso sostenible y protección de los recursos hídricos y marinos:** actividades que promuevan

el uso responsable y eficiente de los recursos hídricos, así como la protección y restauración de los ecosistemas marinos;

- **Transición hacia una economía circular:** actividades que contribuyen al uso sostenible de los recursos, la prevención de residuos y el fomento de modelos de negocio circulares:
- **Prevención y control de la contaminación:** actividades destinadas a prevenir la contaminación, reducir la liberación de sustancias peligrosas y promover el uso sostenible de los recursos;
- **Protección y restauración de la biodiversidad y los ecosistemas:** actividades que apoyan la preservación, restauración y uso sostenible de los ecosistemas, la biodiversidad y los hábitats naturales.

Estos objetivos se complementan con criterios para actividades sostenibles en cada uno de los objetivos medioambientales mencionados anteriormente. Las actividades que cumplan estos criterios pueden considerarse medioambientalmente sostenibles.

El artículo 8 de este Reglamento trata específicamente las obligaciones de las grandes empresas e instituciones financieras de divulgar información sobre la sostenibilidad medioambiental de sus actividades económicas, requisito plenamente integrado en la CSRD. En consecuencia, las empresas no financieras afectadas por la CSRD deben divulgar los tres ratios, es decir, la cifra anual de negocios, el CapEx y el OpEx en relación con las actividades económicas contempladas por la Taxonomía. La presentación de información relacionada con la Taxonomía debe incorporarse en una sección específica dentro del informe de gestión, junto con el Estado de sostenibilidad.

El Reglamento sobre divulgación de información de sostenibilidad en el sector de los servicios financieros (SFDR) (Reglamento 2019/2088/UE)

El SFDR tiene como objetivo mejorar la transparencia y la sostenibilidad de las divulgaciones en el sector financiero, estableciendo un marco sobre cómo los participantes del mercado financiero y los asesores financieros integran consideraciones sobre ESG en sus procesos de inversión y toma de decisiones. Establece obligaciones de divulgación para los participantes en los mercados financieros, incluidas empresas de inversión, gestores de activos y aseguradoras, así como asesores financieros, y para productos financieros específicos.

Para cumplir estas obligaciones, los participantes en los mercados financieros necesitan información sobre sostenibilidad de las empresas, no solo para comprender el rendimiento general en materia de sostenibilidad de las empresas cubiertas por la CSRD, sino también para evaluar mejor la naturaleza sostenible de su cartera de inversiones.

La directiva introduce el concepto de principal impacto adverso (PIA). Los PIA se refieren a los efectos adversos o impactos negativos que las decisiones de inversión de los participantes en los mercados financieros pueden tener en cuestiones de sostenibilidad. Sin embargo, la directiva no establece ninguna métrica para evaluarlas. Las NEIS deben ayudar a las instituciones financieras a crear parámetros relevantes para la divulgación de los PIA.

La Legislación europea sobre el clima (Reglamento 2021/1119/UE)

Las empresas incluidas en el ámbito de aplicación de la CSRD deben divulgar su plan de transición climática (si lo tienen) mostrando cómo su modelo de negocio y su estrategia son compatibles con:

- la transición hacia una economía sostenible;
- la limitación del calentamiento global a 1,5 °C, en consonancia con el Acuerdo de París adoptado como parte de la *Convención Marco de las Naciones Unidas sobre el Cambio Climático*; y
- el objetivo de neutralidad de la huella de carbono (la suma de las emisiones de gases de efecto invernadero (GEI) positivas y negativas da como resultado cero emisiones netas) de la legislación europea sobre el clima.

Este reglamento establece un marco legal en la UE para abordar el cambio climático y sentar las bases para lograr la neutralidad climática para 2050. Los elementos y medidas obligatorias clave de la legislación europea sobre el clima incluyen:

- un objetivo general para que la UE alcance la neutralidad climática para 2050, con objetivos intermedios para reducir las emisiones netas de gases de efecto invernadero en un 55% para 2030 en comparación con los niveles de 1990;
- presupuesto de emisiones de carbono, que asignan el total de emisiones permitidas durante un período específico para los Estados miembros;

- un mecanismo de gobernanza para supervisar el progreso, garantizar la rendición de cuentas y facilitar ajustes a través de Planes Nacionales de Energía y Clima (PNEC) que describan las contribuciones de los Estados miembros a los objetivos climáticos de la UE;
- disposiciones para la revisión periódica del progreso de los Estados miembros hacia los objetivos climáticos, incluido un objetivo intermedio en 2040.

Índices de referencia de transición climática de la UE e índices de referencia de la UE armonizados con el Acuerdo de París (Reglamento Delegado (UE) 2020/1816; 2020/1817; 2020/1818)

Los índices de referencia de transición climática de la UE y los índices de referencia de la UE armonizados con el Acuerdo de París se encuentran entre los vehículos legislativos clave utilizados por el EFRAG en el desarrollo de las NEIS sobre presentación de información sobre el clima.

Estos índices de referencia están diseñados para ayudar a los inversores a identificar actividades económicas medioambientalmente sostenibles e inversiones en consonancia con los objetivos del Acuerdo de París sobre el cambio climático. Están estrechamente relacionados con el Reglamento de taxonomía de la UE: para cumplir un índice de referencia de transición climática de la UE, las actividades y los ingresos de las empresas que se desee que sean considerados sostenibles deben cumplir ciertos requisitos, como una reducción mínima de carbono y un contenido máximo de carbono.

Directiva sobre diligencia debida de las empresas en materia de sostenibilidad (CSDDD)

La Directiva de diligencia debida establece obligaciones para las grandes empresas en relación con los efectos adversos reales y potenciales sobre el medio ambiente y los derechos humanos de su cadena de actividades comerciales. Esto incluye los socios comerciales de la empresa en las fases anteriores. Además, abarca parcialmente las actividades de los socios comerciales en fases posteriores. Estas actividades involucran distribución, transporte y almacenamiento. La directiva exige que las empresas adopten un plan que garantice que su modelo de negocio y su estrategia sean compatibles con el Acuerdo de París sobre el cambio climático. También establece normas sobre sanciones y responsabilidad civil por el incumplimiento de estas obligaciones.

Mientras que la CSRD establece requisitos de divulgación obligatorios para las empresas sobre sus procesos de diligencia debida (obligación de informar), la CSDDD exige que unas 5.500 empresas identifiquen, prevengan, mitiguen, comuniquen y remedien los efectos adversos en su cadena de valor (obligación de actuar). Esto significa que las empresas dentro de su ámbito de aplicación tienen que describir cómo actúan con respecto a la diligencia debida en su informe de gestión, utilizando las NEIS. Eso incluye definir un plan de transición climática en consonancia con el Acuerdo de París sobre el cambio climático, y coherente con el objetivo de alcanzar la neutralidad de emisiones de carbono para 2050.

La directiva se adoptó formalmente por los responsables políticos europeos en junio de 2024. Entrará en vigor progresivamente tres años después de su adopción. comenzando por las empresas de la UE y de fuera de la UE con más de 5.000 empleados y un volumen de negocios de 1.500 millones de euros.

Las empresas que entren dentro del ámbito de aplicación de la CSDDD pero no estén cubiertas por la CSRD, incluidas ciertas empresas importantes de terceros países que operan en Europa sin sucursales ni filiales, tendrán que comunicar sus obligaciones de diligencia debida de acuerdo con los requisitos de la CSRD. Esta comunicación se guiará por criterios específicos de presentación de información, que la Comisión Europea establecerá más adelante.

INFOGRAFÍA 5 **Interconexiones normativas**

🔗 **Vinculados a la CSRD**   🔄 **Modificados por la CSRD**

Leyenda del gráfico

📋 Requisitos de presentación de información

⚙️ Obligación de actuar

🔍 Auditoría

€ Sector financiero

🛡️ Índices de referencia

Reglamento de taxonomía de la UE 📋

Obligaciones sobre el contenido del informe de gestión: requisitos de divulgación (cifra anual de negocios, capex, opex) sobre las actividades de las empresas que pueden calificarse como medioambientalmente sostenibles.

Parte de la presentación de información sobre sostenibilidad

Legislación europea sobre el clima ⚙️

Divulgación de un plan de mitigación climática que muestra cómo el modelo de negocio y la estrategia de las empresas son compatibles con la transición hacia una economia sostenible, con la limitación del calentamiento global a 1,5° C y el objetivo de huella de carbono cero (reducción del 55% de GEI para 2030, en comparación con los niveles de 1990).

Parte del Estado de sostenibilidad (plan de transición climática)

Directiva sobre diligencia debida de las empresas en materia de sostenibilidad ⚙️

Requiere que las empresas identifiquen, prevengan, mitiguen, comuniquen y remedien los impactos adversos sobre el medio ambiente y los derechos humanos de su cadena directa de actividades empresariales, etc.

Utilización de las NEIS en procesos de diligencia debida

Transición climática de la UE e índices de referencia de la UE armonizados con el Acuerdo de París 🛡️ 📋

Define los estándares minimos para la transición climática de la UE y los índices de referencia de la UE armonizados con el Acuerdo de París, etc.

Vinculado con las normas de la CSRD acerca de la presentación de información sobre el clima

Reglamento sobre divulgación de información de sostenibilidad en los servicios financieros € 📋

Las obligaciones de divulgación sobre cómo influye la sostenibilidad se incluyen en los procesos de inversión y la toma de decisiones.

Las NEIS servirán a las instituciones financieras para supervisar la información que se debe divulgar sobre los Principales impactos adversos (PIA)

🔗 **CSRD**   **CSRD** 🔄

Punto de Acceso Único Europeo 📋

Plataforma digital para el acceso centralizado a información financiera y sobre sostenibilidad en la UE (para julio de 2027).

Acceso a los Estados de sostenibilidad (enero de 2028)

Directiva contable 🔍 📋

Obligaciones relativas al contenido del informe de gestión (requisitos de presentación de información financiera y sobre sostenibilidad) + requisitos de auditoría, etc.

Directiva de transparencia 📋

Obligaciones relativas el contenido de un informe de gobierno corporativo, etc.

Directiva de auditoría 🔍 📋

Proceso de auditoría de la información sobre sostenibilidad (de seguridad limitada a razonable) + medidas sobre independencia del auditor, etc.

Reglamento de auditoría 🔍 📋

Lista de servicios ajenos a la auditoría prohibidos para auditores + reglas de rotación.

Infografía de Lefebvre Sarrut en colaboración con la GRI y el eurodiputado Pascal Durand, relator de la CSRD

⧉ LEFEBVRE

GRI **CSRD** ESSENTIALS

LA GUÍA DEFINITIVA DE LA DIRECTIVA EUROPEA
SOBRE PRESENTACIÓN DE INFORMACIÓN SOBRE
SOSTENIBILIDAD POR PARTE DE LAS EMPRESAS

23

Formato de la presentación de la información

A diferencia de la NFRD, la CSRD especifica el formato de divulgación y las normas que las empresas deberán cumplir para redactar sus informes.

Ubicación

La CSRD exige que la información sobre sostenibilidad se ubique en una sección particular del informe de gestión anual, en lugar de en un Estado de sostenibilidad separado. Las NEIS establecen una estructura más detallada en sus Apéndices D y F. Se compone de cuatro partes: información general, medioambiental, social y de gobernanza. Por lo tanto, la información financiera y de sostenibilidad se divulgará de forma conjunta. Las empresas deben publicar su informe de gestión en su página web, o poner a disposición una copia impresa, previa solicitud. El informe de gestión deberá presentarse a la autoridad competente de conformidad con la normativa nacional.

Idioma

El idioma del informe de gestión deberá ser el del Estado miembro donde tiene su sede la empresa, u otro idioma que acepten las autoridades de dicho Estado miembro. Para evitar costes innecesarios, los legisladores de la UE decidieron eliminar la obligación de certificar las traducciones necesarias, si se indica claramente la falta de certificación.

Formato electrónico

Desde 2020, las empresas que cotizan en los mercados regulados europeos deben utilizar el Formato Electrónico Único Europeo (FEUE) para preparar sus informes

El Punto de Acceso Único Europeo (PAUE)

El PAUE está diseñado para proporcionar un único punto digital de acceso a información pública financiera y no financiera sobre empresas y productos de inversión de la UE. Está creado como una plataforma digital para el acceso centralizado a información ya publicada de acuerdo con la legislación europea vigente, así como con futuros reglamentos y directivas europeos. Esto incluye reglamentos financieros y otros relacionados con la divulgación de información sobre ESG, como el Reglamento sobre divulgación de información de sostenibilidad en el sector de los servicios financieros (SFDR) y la directiva CSRD. La información será accesible de forma gratuita, y el sistema será fácil de usar y estará ubicado en una plataforma centralizada.

Uno de sus objetivos es dar a las empresas más visibilidad ante los inversores y abrir más oportunidades de financiación, especialmente para pequeñas empresas en mercados de capitales pequeños. También hace que la información sea

financieros anuales y presentarlos ante la autoridad competente. La CSRD extiende esta obligación a la información sobre sostenibilidad y a las empresas no cotizadas en el ámbito de aplicación de la directiva. Las empresas a las que concierne la CSRD deberán preparar

fácilmente accesible para otros grupos de interés.

Las empresas que no entren en el ámbito de aplicación de los reglamentos de la UE (como la mayoría de las pymes de la UE) podrán igualmente transmitir información voluntariamente en la plataforma.

En la práctica, las empresas presentarán sus Estados a «organismos de recopilación» nacionales (por ejemplo, una autoridad pública designada específicamente para esa función) y a mecanismos designados oficialmente (por ejemplo, bolsas de valores nacionales designadas), que verificarán, aprobarán y pondrán los datos disponibles a través del PAUE. Las verificaciones se limitarán a comprobar que todos los documentos necesarios se hayan entregado en el formato de presentación de información correcto.

Se prevé que la plataforma PAUE esté disponible a partir del verano de 2027, y se implante progresivamente. La información requerida por la CSRD estará disponible desde el primer año.

su informe de gestión en formato electrónico y etiquetar su información sobre sostenibilidad de acuerdo con la taxonomía digital.

Se encargó al EFRAG desarrollar la taxonomía digital XBRL para presentación de información sobre sostenibilidad, incluido el marcado de los datapoints relacionados con la taxonomía de la UE para actividades sostenibles. El etiquetado XBRL es importante para garantizar que los mismos datos relacionados con la sostenibilidad se etiqueten de manera coherente en todas las organizaciones y zonas geográficas. Este lenguaje informático también permite la comunicación electrónica de datos comerciales estructurados, al proporcionar información legible por máquinas, lo que ayuda a eliminar la barrera del idioma para acceder a la información. Por ejemplo, el etiquetado XBRL permitirá a los usuarios recopilar datos de documentos escritos en finés o galés. Esta coherencia es crucial para una evaluación comparativa y un análisis comparativo precisos de las prácticas y la presentación de información sobre sostenibilidad, lo que permite a los inversores y otros grupos de interés tomar decisiones más informadas.

PARA MÁS INFORMACIÓN SOBRE EL FORMATO ELECTRÓNICO, CONSULTE EL GLOSARIO.

Basándose en la taxonomía XBRL del EFRAG, la Autoridad Europea de Valores y Mercados (AEVM) desarrollará normas técnicas reglamentarias para definir las reglas de etiquetado que se aplicarán en los informes electrónicos. La Comisión Europea adoptará estas normas reglamentarias mediante actos delegados.

Cláusula de revisión de la directiva

Para abril de 2029, la Comisión deberá evaluar si garantizar, y cómo, que los Estados de sostenibilidad publicados por las empresas cubiertas por la CSRD sean accesibles para personas con discapacidad.

GRI | **CSRD** ESSENTIALS
LA GUÍA DEFINITIVA DE LA DIRECTIVA EUROPEA
SOBRE PRESENTACIÓN DE INFORMACIÓN SOBRE
SOSTENIBILIDAD POR PARTE DE LAS EMPRESAS

25

Consolidación de filiales

¿Qué es una filial?

Una filial es una empresa controlada por otra empresa, conocida como empresa matriz o holding. En la normativa contable, una empresa matriz, junto con todas sus empresas filiales, forman un grupo. Una empresa matriz también puede estar controlada por otra empresa en un nivel superior (también definida como matriz). En ese caso, se considerará también como filial incluida en el grupo de primera. En este contexto, la matriz tiene la facultad de dirigir las políticas financieras y operativas de la filial para obtener beneficios de sus actividades. Por ejemplo, diferentes normas contables, como las IFRS o los GAAP de EE.UU., pueden definir el control de maneras diferentes. En general, poseer más del 50% de los derechos de voto en la filial debería otorgar control.

¿Qué es la consolidación?

La consolidación de la información financiera y de sostenibilidad de una filial de la UE a nivel de empresa matriz, ya sea dentro o fuera de ella, se refiere al proceso de combinar los estados financieros y de sostenibilidad individuales de la empresa matriz y su filial o filiales en un único conjunto de estados consolidados. Estos estados consolidados se convertirán en el registro formal de las actividades y posición de un grupo, y serán auditadas o verificadas.

El propósito de la consolidación es presentar una visión integral y agregada del grupo controlado por la empresa matriz, en lugar de considerar cada entidad de forma aislada.

Cabe destacar que los umbrales para la aplicación de las obligaciones de presentación de información financiera y sobre sostenibilidad, según la Directiva contable de la UE, se determinan a nivel grupo. Por lo tanto, una filial no cotizada o que no se considere grande según los umbrales de la CSRD puede incluirse en la consolidación por la empresa matriz de un grupo, que supere los umbrales de la CSRD a nivel grupo. El Estado del grupo, incluidos los datos de esa filial, estará sujeto a requisitos obligatorios de presentación de información y auditoría. Esto resalta la importancia de considerar la situación financiera consolidada en el momento de decidir las políticas de consolidación, ya que afecta directamente a la obligación de presentar y auditar la información voluntariamente incluida en la consolidación. El caso específico de las filiales con matrices establecidas fuera de la UE se describe en el siguiente apartado.

¿Qué cambia la CSRD en cuanto a la consolidación?

La CSRD amplía las reglas existentes que rigen la divulgación y consolidación de información de sostenibilidad, e incorpora temas medioambientales, sociales, de derechos humanos y de gobernanza. Tanto la información financiera como la de sostenibilidad pasarán a estar en el mismo informe de gestión consolidado, si bien el Estado de sostenibilidad se presentará en un apartado específico.

La CSRD especifica, además, que las empresas filiales están exentas de la obligación de incluir un Estado individual completo de sostenibilidad en su propio informe de gestión, si están incluidas en el informe de gestión consolidado de otra empresa (matriz) elaborado de conformidad con la CSRD y las NEIS.

En la práctica, esto significa que las empresas matrices deben incluir a las filiales en su Estado de sostenibilidad consolidado y que dichas filiales consolidadas pueden acogerse a la exención o emitir un Estado de sostenibilidad individual en su propio informe de gestión, a pesar de estar consolidadas.

Por lo tanto, una filial dentro del ámbito de aplicación de la CSRD debe proporcionar un Estado de sostenibilidad y emitir un Estado individual, o tener esta información consolidada a nivel de empresa matriz, como por ejemplo con una sociedad holding de la UE. En este caso, la filial está exenta de publicar un Estado independiente. Esta exención no se aplica a las EIP que sean grandes empresas cotizadas en un mercado regulado de la UE. Para ellas, estén o no consolidadas por su empresa matriz, sí se requiere un Estado de sostenibilidad en su propio informe de gestión.

La CSRD establece explícitamente que el régimen de exención para la presentación de información consolidada sobre sostenibilidad funciona independientemente de la exención para preparar estados financieros consolidados y un informe de

gestión consolidado. Esto, por ejemplo, significa que una holding con sede en la UE y que consolida informes financieros para sus filiales, puede no consolidar Estados de sostenibilidad.

Si existen diferencias significativas entre los riesgos o impactos de sostenibilidad del grupo y los de sus filiales, la empresa matriz debe proporcionar, en el Estado de sostenibilidad consolidado, una explicación adecuada de los riesgos o impactos de sus filiales, incluida información sobre sus procesos de diligencia debida (cuando corresponda).

Durante el proceso de transposición de la CSRD por parte de los Estados miembros, las autoridades nacionales pueden, a su juicio, restringir el uso de exenciones de presentación de información o exigir informaciones distintas a nivel de entidad o país. Esto podría implicar obligar a las empresas del país a presentar Estados independientes.

¿Qué se exige a las filiales exentas, ya sean empresas individuales o grupos?

Las filiales con sede en la UE exentas son filiales que se consolidarán; su información sobre sostenibilidad se incorporará en el informe de su empresa matriz. En este caso, igualmente tendrán que:

a) comunicar el nombre y domicilio social de la sociedad matriz que presenta la información sobre sostenibilidad del grupo;

b) publicar los enlaces web al informe de gestión consolidado de su matriz, con información clara e instrucciones sobre cómo acceder al informe de gestión consolidado, especialmente si no está disponible online;

c) indicar claramente en su informe de gestión que están exentas de la presentación de información sobre sostenibilidad.

El caso específico de las filiales con matrices establecidas fuera de la UE

Actualmente se aplica una forma específica de exención de filiales (con carácter temporal) a las filiales o subgrupos de la UE cuya empresa matriz tenga su sede fuera de la UE. Hasta 2030, estas empresas pueden estar exentas de los requisitos de presentación de información individual si se incorporan a un informe utilizando las NEIS y se las «consolida ficticiamente», lo que significa que las filiales y subgrupos de la UE están consolidadas. La entidad responsable de consolidar otras filiales con sede en la UE es la que tenga mayor cifra anual de negocios dentro de la UE. El objetivo de esta disposición transitoria es reducir la carga para los grupos no pertenecientes a la UE que no tengan una única entidad holding con sede en la UE que controle las entidades del grupo en la UE.

Las empresas matrices últimas que no tengan su sede en la UE también pueden consolidar sus filiales en la UE en un Estado de sostenibilidad global. Sin embargo, dicha consolidación exime a las filiales de la UE de la obligación de elaborar sus propios Estados de sostenibilidad solo si el informe consolidado global se elabora de acuerdo con las NEIS, o de manera equivalente.

INFOGRAFÍA 6 **Consolidación de un grupo matriz en un tercer país con filiales o sucursales en la UE**

Fuera de la UE

Dentro de la UE

A partir de 2026

La filial que tenga la mayor cifra anual de negocios en la UE consolida para el resto de filiales de la UE en el mismo grupo

(usando las NEIS completas)

o

GMTP publica su informe de gestión, incluido el Estado de sostenibilidad de sus filiales consolidadas en la UE*

(siempre que utilice las NEIS completas o normas consideradas equivalentes a ellas)

Después de 2030

La filial que tenga la mayor cifra anual de negocios en la UE ya no puede consolidar para las demás filiales de la UE del mismo grupo

GMTP consolida para sus filiales que sean grandes empresas en la UE

(siempre que supere los umbrales de la CSRD a nivel grupo)

| 2026 | 2027 | 2028 | 2029 | 2030 | **Después de 2030** |

Grupo matriz de terceros países (GMTP)

GMTP genera directamente > 150 m€ de cifra anual de negocios en la UE (al menos durante 2 años consecutivos)

GMTP tiene una sucursal en la UE (que generó > 40 m€ de cifra anual de negocio)

Después de 2028

La sucursal publica el Estado de sostenibilidad

(utilizando las NEIS para empresas de terceros países, normas equivalentes a las NEIS o las NEIS completas)

(*) En ese caso, las filiales de la UE están exentas de publicar un informe de gestión que incluya información sobre sostenibilidad, a menos que sean grandes entidades de interés público cotizadas

Infografía de Lefebvre Sarrut en colaboración con la GRI y el eurodiputado Pascal Durand, relator de la CSRD

INFOGRAFÍA 7 Consolidación de una empresa matriz en un tercer país que tiene filiales cotizadas en la UE

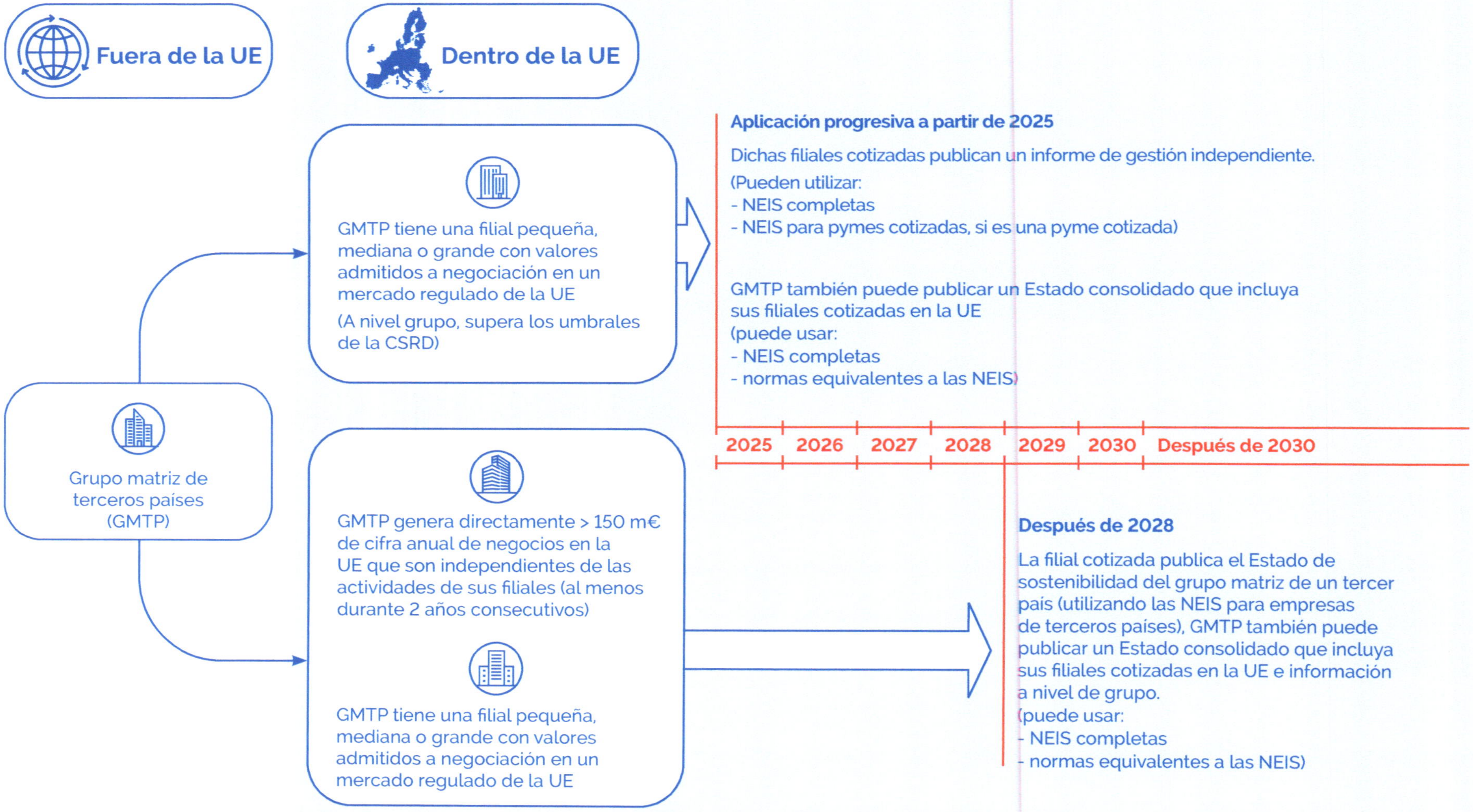

Fuera de la UE

Dentro de la UE

Grupo matriz de terceros países (GMTP)

GMTP tiene una filial pequeña, mediana o grande con valores admitidos a negociación en un mercado regulado de la UE
(A nivel grupo, supera los umbrales de la CSRD)

GMTP genera directamente > 150 m€ de cifra anual de negocios en la UE que son independientes de las actividades de sus filiales (al menos durante 2 años consecutivos)

GMTP tiene una filial pequeña, mediana o grande con valores admitidos a negociación en un mercado regulado de la UE

Aplicación progresiva a partir de 2025

Dichas filiales cotizadas publican un informe de gestión independiente.
(Pueden utilizar:
- NEIS completas
- NEIS para pymes cotizadas, si es una pyme cotizada)

GMTP también puede publicar un Estado consolidado que incluya sus filiales cotizadas en la UE
(puede usar:
- NEIS completas
- normas equivalentes a las NEIS)

2025	2026	2027	2028	2029	2030	Después de 2030

Después de 2028

La filial cotizada publica el Estado de sostenibilidad del grupo matriz de un tercer país (utilizando las NEIS para empresas de terceros países), GMTP también puede publicar un Estado consolidado que incluya sus filiales cotizadas en la UE e información a nivel de grupo.
(puede usar:
- NEIS completas
- normas equivalentes a las NEIS)

Infografía de Lefebvre Sarrut en colaboración con la GRI y el eurodiputado Pascal Durand, relator de la CSRD

INFOGRAFÍA 8 **Consolidación de una empresa matriz en la UE que tiene filiales, cotizadas o no**

 **Dentro de la UE**

Sociedad matriz (SM)

SM tiene filiales que son pymes grandes o bien pymes cotizadas en la UE

Aplicación progresiva a partir de 2026

SM publica un Estado consolidado que incluye sus filiales en la UE*

(utiliza las NEIS completas)

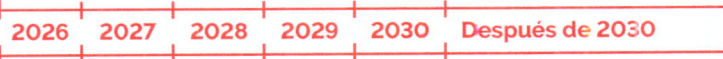

| 2026 | 2027 | 2028 | 2029 | 2030 | Después de 2030 |

(*) En ese caso, las filiales de la UE están exentas de publicar un informe de gestión que incluya información sobre sostenibilidad, c menos que sean grandes entidades de interés público cotizadas

Infografía de Lefebvre Sarrut en colaboración con la GRI y el eurodiputado Pascal Durand, relator de la CSRD

 LEFEBVRE SARRUT

GRI | **CSRD** ESSENTIALS
LA GUÍA DEFINITIVA DE LA DIRECTIVA EUROPEA
SOBRE PRESENTACIÓN DE INFORMACIÓN SOBRE
SOSTENIBILIDAD POR PARTE DE LAS EMPRESAS

30

Información de empresas de terceros países

La CSRD amplía el ámbito de aplicación de las obligaciones de presentación de información para incluir a las empresas internacionales. Se aplica a:

- empresas de terceros países con valores cotizados en un mercado regulado de la UE (unas 100 empresas, según las estimaciones de la Comisión Europea);
- empresas no pertenecientes a la UE que generan directamente una cifra anual de negocios superior a 150 millones de euros en la UE y tienen una filial o sucursal, sin personalidad jurídica, con una cifra anual de negocios de al menos 40 millones de euros en la UE, o una filial cotizada en la UE que sea una pyme o una gran empresa.

Si bien no se ha publicado ninguna cifra oficial sobre el número de empresas de terceros países con negocios sustanciales en la UE, el proveedor global de datos del mercado financiero Refinitiv estimó que 11.000 empresas con sede fuera de la UE podrían entrar en el ámbito de aplicación de las obligaciones de presentación de información, incluidas unas 1.000 en el Reino Unido y más de 3.000 en Estados Unidos[3].

La directiva establece que las sucursales o filiales son responsables de publicar el Estado de sostenibilidad de su empresa dominante y, si lo hacen, ese Estado de sostenibilidad debe publicarse en un idioma aceptado por el Estado miembro donde están registradas.

Las empresas de terceros países que cumplan las condiciones antes mencionadas tienen las siguientes opciones para presentar su información sobre sostenibilidad, a partir de 2028:

- utilizar las normas para empresas de terceros países;
- utilizar los conjuntos completos de NEIS disponibles hasta la fecha;
- utilizar sus propias reglas nacionales de presentación de información (para ellas, exclusivamente sobre la materialidad en términos de impacto), siempre que la Comisión Europea considere que las normas aplicables establecidas por dichas reglas para empresas de terceros países son equivalentes a las NEIS. Lo mismo se aplica a las empresas matrices fuera de la UE que deseen consolidar la presentación de información de sus filiales en la UE. La Comisión Europea evaluará la equivalencia, país por país, previa solicitud de un país para hacerlo.

La Comisión Europea, basándose en la información recibida por los Estados miembros de la UE, debe poner a disposición del público en su página web una lista de las empresas de terceros países que han publicado un Estado de sostenibilidad aplicando las NEIS.

PARA OBTENER MÁS INFORMACIÓN SOBRE LA CONSOLIDACIÓN DE EMPRESAS MATRICES, LEA NUESTRO DOCUMENTO INFORMATIVO SOBRE CONSOLIDACIÓN DE FILIALES.

Estado independiente para entidades de interés público cotizadas pequeñas, medianas y grandes

Las empresas de la UE que superen los umbrales de la CSRD y que tengan sus empresas matrices fuera de la UE no pueden estar exentas de presentar su Estado de sostenibilidad por estar consolidadas por su empresa matriz. La exención solo se aplica si su empresa matriz emite un Estado de sostenibilidad elaborado de acuerdo con las NEIS, o normas para las cuales la Comisión Europea haya otorgado un estatus de equivalencia mediante un acto de ejecución. Sin embargo, hasta 2030, la filial en la UE de un grupo no comunitario con mayor cifra anual de negocios dentro de la UE puede preparar un Estado de sostenibilidad consolidado que incluya todas las demás filiales de la UE en este grupo, y que estén sujetas a la CSRD. Estas filiales consolidadas pueden beneficiarse de la exención, a menos que estén cotizadas.

---

3 https://www.wsj.com/articles/at-least-10-000-foreign-companies-to-be-hit-by-eu-sustainability-rules-307a1406

¿Qué criterios guían la determinación de la equivalencia con las normas nacionales?

Si bien la CSRD da a la Comisión Europea la posibilidad de permitir que las empresas de terceros países incluidas en el ámbito de aplicación utilicen normas de sostenibilidad equivalentes a las NEIS, aún no ha decidido qué normas se considerarían equivalentes. Téngase en cuenta que solo se podrán usar normas equivalentes para la presentación de información a nivel de empresa matriz de terceros países; todo informe realizado a nivel de empresa de la UE debe utilizar las NEIS.

Los criterios que utilizará la Comisión al evaluar la equivalencia de las normas de presentación de información sobre sostenibilidad utilizadas por los emisores de terceros países garantizarán que dichas normas exijan:

- divulgar información sobre factores medioambientales, sociales y de gobernanza; y
- presentar información de los impactos que la empresa tiene en cuestiones de sostenibilidad, y cómo dichas cuestiones de sostenibilidad afectan al desarrollo, los resultados y la posición de la empresa.

Es decir, el segundo criterio de equivalencia deberá considerar normas que incorporen doble materialidad.

Hasta que se establezcan equivalencias, los responsables políticos de todo el mundo, responsables de sus propias normas nacionales de presentación de información, pueden beneficiarse al garantizar la equivalencia futura con las NEIS. También pueden apoyar a sus empresas basándose en normas ampliamente adoptadas a nivel mundial, como los estándares GRI e ISSB.

PARA OBTENER MÁS INFORMACIÓN SOBRE LOS PROCEDIMIENTOS DE LAS DECISIONES DE EJECUCIÓN, LEA NUESTRO DOCUMENTO INFORMATIVO SOBRE LOS ACTOS DE EJECUCIÓN Y DELEGADOS.

Cláusula de revisión de la directiva

A más tardar en abril de 2029, la Comisión deberá proporcionar una evaluación de la implementación de los requisitos de presentación de información de filiales y sucursales de terceros países, incluida una evaluación del número de empresas de terceros países.

Panorama normativo mundial

En los últimos años se han visto avances significativos en el panorama normativo, debido al reconocimiento de los impactos del cambio climático y la degradación ambiental sobre los derechos humanos a nivel nacional e internacional. La creciente demanda de información transparente sobre los pagos de impuestos de las empresas y las consiguientes prácticas ha llevado a los gobiernos a querer impulsar una agenda positiva hacia una sociedad más justa y sostenible, y a utilizar herramientas legislativas para cambiar el comportamiento corporativo y las condiciones del mercado. Como consecuencia, esto ha impulsado un aumento de las iniciativas de sostenibilidad corporativa a nivel mundial. Pero si bien las bolsas de valores desempeñan un papel particularmente activo en Asia-Pacífico y Medio Oriente, los gobiernos siguen siendo los emisores más activos de políticas en materia de ESG y sostenibilidad[4].

Muchas empresas de todo el mundo ya presentan información sobre sus impactos en materia de sostenibilidad, utilizando normas globalmente aceptadas, como los estándares desarrollados la GRI GRI, que proporciona las normas de presentación de información sobre sostenibilidad más utilizadas del mundo. El 73% de las 250 empresas más grandes del mundo por ingresos utilizan directrices o estándares GRI, al igual que el 67% de las 100 empresas con mayores ingresos en 52 países y jurisdicciones.

La GRI ofrece las únicas normas de presentación de información utilizadas por la mayoría de las empresas encuestadas en todas las regiones (75% en América, 68% en Asia-Pacífico y Europa, 62% en Medio Oriente y África). El 99% de las empresas registradas en Singapur utilizan los estándares GRI. Las organizaciones que ya utilizan los estándares GRI en sus informes maximizarán sus posibilidades de cumplimiento de las NEIS, debido al alto nivel de similitud y cooperación técnica de las normas no pertenecientes a la UE.

El marco de gobernanza IFRS-ISSB ha consolidado recientemente otros marcos y normas relacionados con el riesgo, como los parámetros SASB y el Climate Disclosure Standards Board (CDSB). Australia está a la vanguardia, al incorporar ISSB en sus normas nacionales. Varios países, incluidos Brasil, Canadá, Nigeria y Japón, han expresado su intención de hacer referencia o exigir el ISSB, aunque la adopción formal aún no se ha producido.

El EFRAG actúa como asesor técnico para desarrollar las NEIS para la UE. Según el régimen obligatorio de la UE, se ven afectadas aproximadamente 42.500 empresas, junto con varios miles de grandes empresas no pertenecientes a la UE con operaciones significativas en la UE.

Los emisores de normas regionales y globalmente reconocidas participan activamente en estrecha colaboración con el Grupo de Trabajo sobre Divulgación Financiera Relacionada con el Clima (TCFD), ahora integrado en el ISSB, y con el Grupo de Trabajo sobre Divulgación Financiera Relacionada con la Naturaleza (TNFD). Este esfuerzo colaborativo tiene como objetivo establecer una base metodológica compartida para informar sobre los impactos y riesgos relacionados con el clima y la naturaleza.

ISSB, NEIS y GRI forman el triángulo de la presentación de información sobre sostenibilidad. Si bien sería ideal tener una norma internacional única, la compatibilidad total ya sería un gran paso adelante.

---

4 Carrots & Sticks Database, GRI, Kings College London, the University of Edinburg, Stellenbosch Business School. La base de datos abarca 2.463 políticas de 132 países, 76 organizaciones internacionales y regionales, en 38 idiomas, desde 1897 hasta 2023; con un 36% de políticas de ESG obligatorias y un 63% voluntarias a nivel mundial. *https://www.carrotsandsticks.net/#:~:text=Welcome%20to%20the%20Carrots%20%26%20Sticks,ESG)%20impact%20of%20 businesses%20worldwide*

GRI **CSRD** ESSENTIALS
LA GUÍA DEFINITIVA DE LA DIRECTIVA EUROPEA
SOBRE PRESENTACIÓN DE INFORMACIÓN SOBRE
SOSTENIBILIDAD POR PARTE DE LAS EMPRESAS

33

Auditoría y verificación

La Directiva de auditoría (Directiva 2006/43/CE) y el Reglamento de auditoría (Reglamento (UE) nº 537/2014), ambos modificados por la CSRD, establecen leyes y reglamentos para la auditoría legal de los informes financieros y de sostenibilidad anuales y consolidados en la UE. Además, el Reglamento de auditoría establece requisitos y normas específicos que rigen la realización y supervisión de las auditorías legales de entidades de interés público.

La CSRD introduce una verificación (auditoría) obligatoria de la información sobre sostenibilidad por parte de un tercero independiente. Puede ser el auditor de cuentas, que ya audita la información financiera, u otro auditor distinto del auditor legal o un prestador independiente de servicios de verificación (IASP), si lo permiten las autoridades públicas nacionales. En particular, la directiva introduce una verificación limitada en el mercado único europeo, con una transición planificada a una verificación razonable con el tiempo.

En un intento por promover la diversidad en el mercado de la auditoría, la directiva ofrece a los accionistas de las empresas con más del 5% de derechos de voto o del 5% del capital, la opción de solicitar la participación de un tercero acreditado para preparar un informe sobre parte de la información sobre sostenibilidad. Este no puede estar afiliado a la misma empresa o red de auditoría que el auditor que realiza la auditoría de cuentas.

La CSRD introduce:

- el nivel de los encargos de verificación (limitada y razonable);
- los requisitos de verificación para empresas dentro y fuera de la UE; y
- la organización del mercado de auditoría en Europa, especialmente para los servicios de verificación de la sostenibilidad.

La CSRD exige a la Comisión Europea que desarrolle normas de verificación que describan los aspectos técnicos del encargo de verificación de la información de sostenibilidad, por parte de auditores y prestadores independientes de servicios de verificación. Estas normas se adoptarán mediante actos delegados. En ese contexto, la Comisión Europea ha encomendado al Comité de Organismos Europeos de Supervisión de Auditorías (COESA) trabajar en la adopción de directrices de verificación no vinculantes, para ayudar a los prestadores independientes de verificación en ausencia de normas de la UE. Debe facilitar asesoramiento técnico para la redacción del acto delegado que adopte la verificación limitada antes de mayo de 2025.

PARA OBTENER MÁS INFORMACIÓN SOBRE EL PROCEDIMIENTO DE ADOPCIÓN DE ACTOS DELEGADOS, LEA NUESTRO DOCUMENTO INFORMATIVO SOBRE ACTOS DE EJECUCIÓN Y DELEGADOS.

Auditoría: ¿Qué dice la CSRD sobre la auditoría de la información de sostenibilidad?

La CSRD introduce un requisito general de auditoría (verificación) en toda la UE para la información de sostenibilidad presentada, que aborda las preocupaciones de los inversores y otros grupos de interés sobre la fiabilidad de la información sobre sostenibilidad presentada por las empresas. Aunque el objetivo es tener un nivel similar de verificación para la presentación de información financiera y sobre sostenibilidad, se ha adoptado un enfoque progresivo. La CSRD prepara la introducción de una auditoría obligatoria, comenzando con un requisito de verificación «limitada» y con el objetivo de introducir normas de verificación limitada en toda la UE antes del 1 de octubre de 2026. Esto representa un avance significativo considerando que solo Francia, Italia y España optaron anteriormente por una verificación independiente obligatoria, basada en requisitos limitados para la información sobre sostenibilidad presentada.

Solo se solicita un requisito de verificación «razonable» a partir del 1 de octubre de 2028, en espera de una evaluación favorable de la Comisión sobre la introducción de este nivel de verificación más estricto. Esta es la fecha última en la que la Comisión puede adoptar normas de verificación razonable.

Una vez que la Comisión haya adoptado normas a nivel de la UE para este nivel de verificación, el requisito de auditoría de la CSRD se convertirá automáticamente en un requisito de verificación razonable en lugar de verificación limitada. Hasta la adopción por la Comisión de normas de verificación a nivel de la UE, los Estados miembros pueden aplicar sistemas, reglas y procedimientos de verificación nacionales.

PARA OBTENER MÁS INFORMACIÓN SOBRE LAS DEFINICIONES DE VERIFICACIÓN LIMITADA Y RAZONABLE, LEA NUESTRO GLOSARIO.

Mercado de verificación de la sostenibilidad

La directiva permite a los Estados miembros abrir el mercado de servicios de verificación de sostenibilidad a los llamados «prestadores independientes de servicios de verificación» (IASP). Esto significa que un Estado miembro puede optar por permitir que empresas distintas de los auditores habituales de información financiera garanticen la información sobre sostenibilidad. Si bien esto deja a los Estados miembros la opción de proporcionar un acceso más justo al mercado de auditoría para los auditores no legales, también puede dar lugar a un enfoque menos coherente en todo el mercado de la UE. En la práctica, la acreditación de prestador independiente de servicios de verificación redunda en el interés público en todos los sectores del mercado. Proporciona una certificación de que los organismos acreditados que ofrecen servicios de verificación tienen la competencia técnica y la imparcialidad para verificar la conformidad de los productos y servicios, de acuerdo con las normas y reglamentos pertinentes.

Los Estados miembros que deseen abrir su mercado a los IASP designarán una autoridad pública o cualquier otro organismo para llevar a cabo el proceso de acreditación de los IASP. Este proceso debe ajustarse a los requisitos aplicables del Reglamento de la UE sobre acreditación y vigilancia del mercado, como un seguimiento adecuado, así como la objetividad e imparcialidad de las normas y procesos vigentes. El organismo nacional de acreditación puede ser el mismo o diferente de la entidad que expide las autorizaciones de actividad para los auditores.

La creación del estatus IASP es un paso positivo en términos de apertura del mercado y calidad de los servicios de verificación. Cabe señalar que en caso de que dos proveedores de verificación trabajen juntos, es el auditor del grupo encargado de auditar los informes consolidados quien proporciona el encargo final.

Sistema de homologaciones transnacionales (pasaportes)

La CSRD también establece el denominado «sistema de pasaportes» para los IASP. Esto permite a los proveedores de servicios acreditados en un Estado miembro operar libremente en otro Estado miembro que haya optado por acreditar a los IASP, sin tener que solicitar la acreditación a cada una de las autoridades nacionales competentes. Hasta ahora, solo Francia ha concedido esta opción, aunque otros Estados miembros han anunciado su intención de conceder autorizaciones. En la práctica, es el Estado miembro que ha proporcionado la acreditación (el «de origen») el que seguirá supervisando a los prestadores independientes de servicios de verificación que operan en otro Estado

miembro (el «anfitrión»), a menos que este último indique lo contrario.

Organización de la profesión de verificación

Los Estados miembros que opten por autorizar los IASP deberán establecer requisitos equivalentes a los que se aplican a los auditores de cuentas en virtud de la Directiva de auditoría, para poder realizar encargos de verificación de presentación de información sobre sostenibilidad. Especialmente en términos de ética profesional, independencia, objetividad, confidencialidad y secreto profesional en relación con la verificación de la presentación de información sobre sostenibilidad, se aplicarán las normas existentes que se aplican a los auditores de cuentas *mutatis mutandis* a los IASP.

Además, los auditores de cuentas están sujetos a requisitos de formación específicos para poder realizar encargos de verificación de presentación de información sobre sostenibilidad. Los IASP también deben cumplir requisitos específicos sobre competencias educativas, formación y exámenes. También deberán establecerse requisitos equivalentes en materia de sistemas de verificación de calidad, irregularidades, investigación y sanciones. Sin embargo, en la etapa de ejecución, los criterios de evaluación continua pueden diferir entre los IASP y los auditores de cuentas.

Cláusula de revisión de la directiva

A más tardar el 31 de diciembre de 2028, la Comisión revisará e informará sobre el nivel de concentración del mercado de verificación de sostenibilidad y evaluará posibles medidas legales para garantizar una diversificación suficiente del mercado de verificación de la sostenibilidad y la calidad de la presentación de información sobre sostenibilidad.

Equivalencia con empresas auditoras de terceros países

La directiva proporciona un mecanismo para el reconocimiento de auditores de terceros países si su marco reglamentario se considera equivalente al de la UE, para las auditorías de cuentas. Los auditores de terceros países que deseen prestar servicios de auditoría a entidades con sede en la UE deben registrarse ante la autoridad competente del Estado miembro donde pretenden realizar la auditoría. En caso contrario, su informe de verificación no tendrá efectos legales en ese Estado miembro.

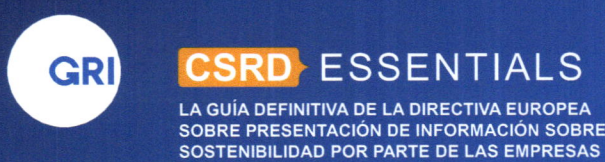

CSRD ESSENTIALS
LA GUÍA DEFINITIVA DE LA DIRECTIVA EUROPEA
SOBRE PRESENTACIÓN DE INFORMACIÓN SOBRE
SOSTENIBILIDAD POR PARTE DE LAS EMPRESAS

36

Materialidad y supervisión interna

La relevancia de la evaluación de la materialidad

La CSRD reconoce la gran diversidad de usuarios y usos de la información presentada y, por lo tanto, establece que la evaluación de la materialidad de la empresa debe considerar tanto el impacto como los aspectos financieros de las actividades de una empresa, reconociendo al mismo tiempo sus interconexiones. Sin embargo, no requiere procedimientos separados e independientes. Normalmente, el punto de partida es identificar los impactos materiales, ya que la evaluación financiera se beneficia de esta evaluación. Esto se debe a que las impactos materiales a menudo generan riesgos, oportunidades y consecuencias financieras significativas.

Las NEIS no prescriben un método específico para realizar la evaluación de materialidad, ya que un enfoque puede no ser adecuado para todas las empresas debido a variaciones en las actividades económicas, estructuras organizativas, localizaciones operativas y cadenas de suministro. Por lo tanto, cada empresa debe desarrollar un proceso personalizado que se ajuste a sus circunstancias únicas, incluido el nivel de la evaluación. Las asociaciones profesionales que representan una profesión específica en un sector particular de actividades también pueden desempeñar un papel importante a la hora de ayudar a las empresas a determinar toda la variedad de impactos, riesgos y oportunidades recurrentes para todo el sector. Son particularmente relevantes en ausencia de normas sectoriales específicas en la UE.

PARA CONOCER MÁS SOBRE EL CONCEPTO DE MATERIALIDAD, CONSULTE NUESTRO GLOSARIO.

Umbrales de materialidad

En el contexto de los informes de doble materialidad, un umbral de materialidad se refiere a los criterios (cualitativos y/o cuantitativos) utilizados tanto internamente para las operaciones de la empresa como externamente para las preocupaciones sociales y medioambientales más generales. Generalmente, es necesario establecer un umbral en cuestiones de sostenibilidad para determinar qué temas son de materialidad para la empresa. Ayuda a establecer el límite más allá del cual los impactos, riesgos y oportunidades (IRO) de la sostenibilidad se consideran de materialidad, y proporciona motivos para su inclusión en el Estado de sostenibilidad.

Las NEIS (en particular, la NEIS 1) prescriben reglas para la aplicación de la doble materialidad con respecto a la evaluación de la materialidad de las IRO. Por lo tanto, los umbrales de materialidad

5 EFRAG, Guía de implementación 1: evaluación de la materialidad

Pasos para lograr el objetivo

Las empresas que buscan orientación sobre cómo realizar una evaluación de la materialidad pueden utilizar durante su proceso la orientación proporcionada por el EFRAG y la GRI.

de los impactos en la sostenibilidad se determinan en función de la gravedad de los impactos negativos reales y de la gravedad y probabilidad de los impactos negativos potenciales. «La gravedad se basa en factores que son magnitud, alcance y carácter irremediable para los impactos negativos, y magnitud y alcance para los impactos positivos. Estos factores deben ser la base para determinar los umbrales. Además, al definir el umbral, la empresa puede considerar el número total de impactos potenciales en los ámbitos medioambiental, social y de gobernanza».[5] En este sentido, las NEIS se adecúan a los Estándares GRI. Para los riesgos y oportunidades, los criterios se basarán en la magnitud y probabilidad de los efectos económicos para los riesgos y oportunidades.

Una evaluación de la materialidad en la presentación de información sobre sostenibilidad comienza con la comprensión del contexto de la empresa. Para ello, la empresa debe desarrollar una visión general de sus actividades y relaciones empresariales, así como del contexto en el que suceden; después, determinar qué grupos de interés se ven principalmente afectados. Posteriormente, la empresa suele determinar qué cuestiones medioambientales, sociales y de gobernanza son lo suficientemente relevantes como para influir en la toma de decisiones y en las percepciones de los grupos de interés. El objetivo debe ser identificar los temas más relevantes para sus operaciones comerciales y partes interesadas, centrándose en aquellos que podrían afectar a los resultados financieros y tener un impacto significativo en la sociedad o el medio ambiente.

Pasos clave para la colaboración con las partes interesadas en la evaluación de la materialidad:

- identificar a las partes interesadas relevantes;
- involucrar a las partes interesadas para comprender sus preocupaciones y expectativas;
- examinar los potenciales problemas de sostenibilidad según las normas, reglamentos y mejores prácticas de la industria;
- evaluar la importancia y los impactos potenciales de estas cuestiones en las operaciones de la empresa y sus grupos de interés;
- priorizarlas en función de su importancia para el negocio y los grupos de interés.

Identificar y evaluar las expectativas de los grupos de interés es crucial en la evaluación de la materialidad, particularmente para determinar la materialidad de los impactos, riesgos y oportunidades para la presentación de información sobre sostenibilidad. Los grupos de interés pueden incluir inversores, clientes, trabajadores, proveedores, comunidades locales, organizaciones no gubernamentales (ONG), reguladores y otras partes afectadas o interesadas en las actividades de la empresa. Por lo tanto, las empresas deben comprender cómo los impactos afectan a los grupos de interés (trabajadores, naturaleza, etc.). Esto puede requerir interactuar directamente con ellos, especialmente en caso de impactos graves. Este enfoque inclusivo mejora la credibilidad y relevancia de la presentación de información sobre sostenibilidad.

Si se siguen diligentemente estos pasos, las empresas pueden comprender íntegramente sus impactos, riesgos y oportunidades en materia de sostenibilidad, lo que conducirá a procesos de toma de decisiones y presentación de información sobre sostenibilidad más eficaces.

La importancia de incluir impactos, riesgos y oportunidades de la cadena de valor

El Estado de sostenibilidad de la empresa debe cubrir todos los impactos, riesgos y oportunidades (IRO) significativos relacionados con todas sus actividades, incluidas las IRO que surgen de sus relaciones empresariales a lo largo de la cadena de valor. Esa relación se extiende más allá de las conexiones contractuales directas. Si bien la divulgación de información de la cadena de valor no es obligatoria para todos los datapoints, sí es obligatoria cuando se asocia con IRO importantes más allá de las propias operaciones

de la empresa. La evaluación de la materialidad debe identificar IRO significativos dentro de la cadena de valor, centrándose en la probabilidad de su ocurrencia en diversos aspectos, como zonas geográficas, actividades, proveedores y clientes.

Aunque las normas temáticas (que se refieren a las divulgaciones sobre el medio ambiente, sociales y de gobernanza) pueden especificar algunos datos de la cadena de valor para ciertos parámetros, se necesitan informaciones adicionales específicas de la entidad, incluidos los parámetros, si un IRO de materialidad en la cadena de valor no está adecuadamente abordado por los requisitos de las NEIS. Si no se puede recopilar información primaria de la cadena de valor o a divulgación de un IRO de materialidad a pesar de hacer esfuerzos razonables, la empresa debe estimar la información que falta utilizando datos razonables y fundamentados, incluidos indicadores y datos sectoriales. Esto garantiza una evaluación y divulgación exhaustiva y precisa de los impactos, riesgos u oportunidades importantes de la empresa a lo largo de la cadena de valor.

Responsabilidad de los órganos de control y los comités de auditoría

La gestión eficaz de la presentación de información sobre sostenibilidad requiere una colaboración conjunta entre varios equipos y grupos de interés dentro de una empresa, incluidos la alta dirección y los consejos de supervisión. La CSRD mejora la rendición de cuentas de una empresa, ya que exige una responsabilidad colectiva a los miembros de los órganos administrativos, de gestión y de supervisión para garantizar el cumplimiento de sus requisitos. Esto abarca la preparación y publicación de informes de gestión con toda la información necesaria sobre sostenibilidad, informes consolidados, informes de gobernanza corporativos e informes de verificación de acuerdo con las especificaciones de la directiva, incluida la aplicación de formatos electrónicos (por ejemplo, marcas y etiquetas digitales) para los datapoints relevantes. Si bien la CSRD no modificó el régimen de sanciones por incumplimiento de los requisitos de la directiva, los Estados miembros de la UE siguen siendo libres de introducir un régimen de supervisión apropiado que incluya posibles sanciones. Algunos países, como Francia, han introducido sanciones penales para los directores de empresas por no designar a un auditor de la información sobre sostenibilidad y por obstruir la auditoría de sostenibilidad. En Hungría, si las empresas no cumplen las obligaciones de presentación de información ESG, la Autoridad Nacional de Supervisión de Actividades Reguladas puede imponer sanciones económicas.

Para las empresas que cotizan en bolsas de valores, la directiva refuerza el papel principal de los comités de auditoría y amplía su función a la supervisión de la verificación de los datos de sostenibilidad. Esos comités suelen estar formados por directores (miembros no ejecutivos, al menos uno de los cuales es independiente) que supervisarán el proceso de presentación de información sobre sostenibilidad. Incluye informes en formato electrónico y cumplimiento de normas, al tiempo que proporciona recomendaciones para mantener la exactitud de la información sobre sostenibilidad y garantiza la independencia de los prestadores de servicios de verificación durante todo el proceso. En paralelo a los comités de auditoría, los comités

de presentación de información sobre sostenibilidad corporativa dentro de las empresas o asociaciones sectoriales profesionales pueden actuar como equipos específicos o grupos encargados de coordinar y supervisar la recopilación, el análisis y la presentación de información a los grupos de interés sobre datos del rendimiento en materia de sostenibilidad. Desempeñan un papel importante en la definición de los «umbrales de materialidad».

Así, estos dos tipos de comités constituyen el núcleo de la supervisión interna de las empresas para cumplir las nuevas obligaciones introducidas por la CSRD. Su papel debe considerarse como una oportunidad estratégica para obtener una ventaja competitiva, en un entorno empresarial que necesita prácticas más sostenibles. Tratar la presentación de información como un mejor ejercicio (costoso) de cumplimiento ignora el valor que los informes pueden aportar a la empresa, tanto por la identificación de formas de ejecutar una operación con más eficiencia, como de nuevas oportunidades de negocio.

INFOGRAFÍA 9 Evaluación de la materialidad de los datos sobre sostenibilidad

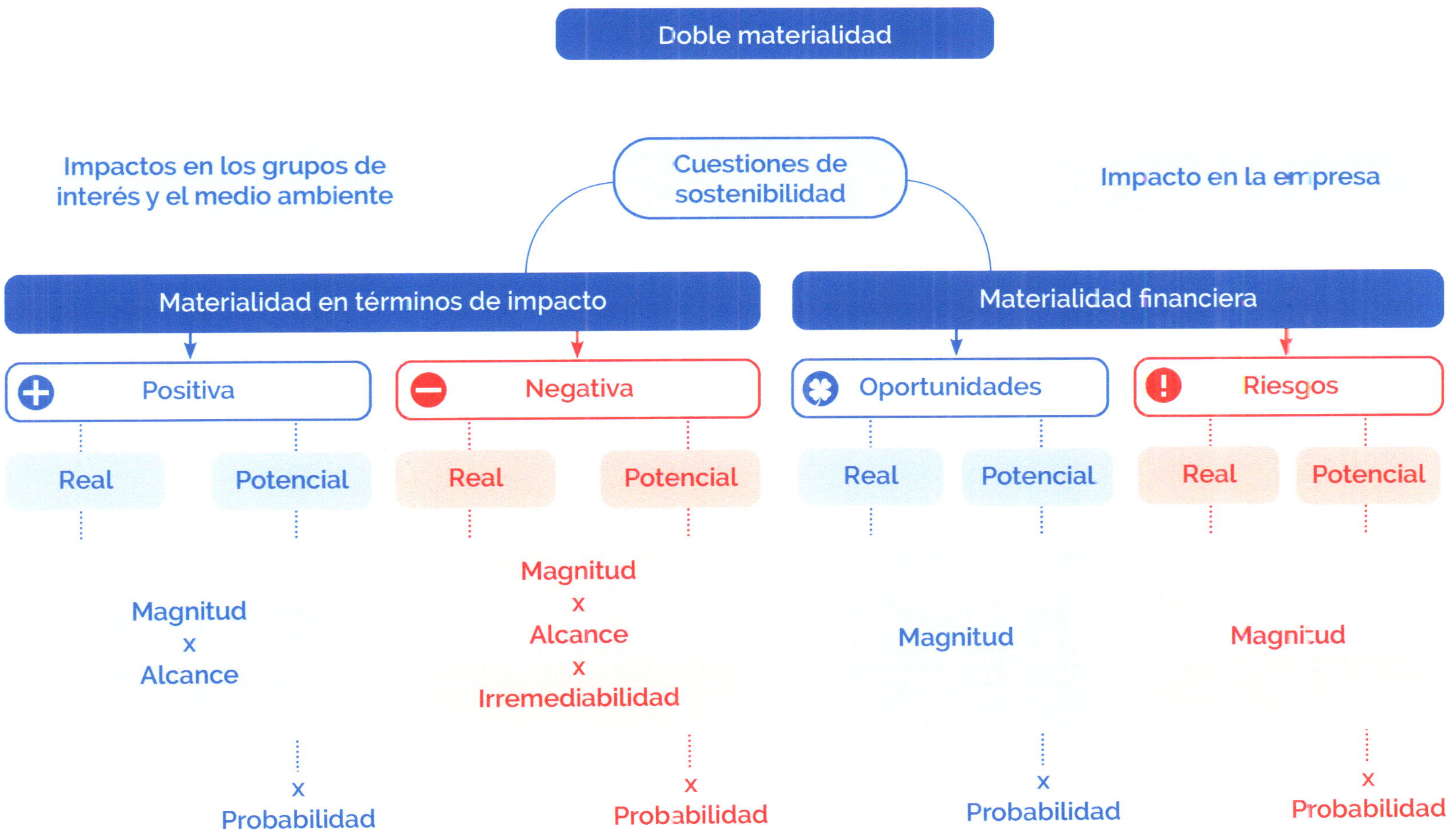

Doble materialidad

Impactos en los grupos de interés y el medio ambiente

Cuestiones de sostenibilidad

Impacto en la empresa

Materialidad en términos de impacto

Materialidad financiera

➕ Positiva

➖ Negativa

✳ Oportunidades

❗ Riesgos

Real	Potencial	Real	Potencial	Real	Potencial	Real	Potencial

Magnitud
x
Alcance

Magnitud
x
Alcance
x
Irremediabilidad

Magnitud

Magnitud

x
Probabilidad

x
Probabilidad

x
Probabilidad

x
Probabilidad

Infografía de Lefebvre Sarrut en colaboración con la GRI
y el eurodiputado Pascal Durand, relator de la CSRD

 LEFEBVRE SARRUT

GRI | **CSRD** ESSENTIALS
LA GUÍA DEFINITIVA DE LA DIRECTIVA EUROPEA
SOBRE PRESENTACIÓN DE INFORMACIÓN SOBRE
SOSTENIBILIDAD POR PARTE DE LAS EMPRESAS

40

PYMES y la cadena de valor

Las pequeñas y medianas empresas (pymes), a menos que estén cotizadas, no entran en el ámbito de aplicación de la CSRD. Por lo tanto, unas 1.000 pymes cotizadas deberán emitir un Estado de sostenibilidad según el calendario de transposición. Además, las NEIS abarcan una gama sustancial de obligaciones de presentación de información sobre la cadena de valor, lo que lleva a las empresas dentro del ámbito de aplicación de la directiva a buscar información sobre sostenibilidad de sus socios de la cadena de valor, en particular, de sus proveedores y clientes pyme. Básicamente, las grandes empresas emitirán solicitudes de información completa a los proveedores y clientes pyme relacionadas con sus temas de materialidad. Al reconocer la posible carga adicional para las pymes, la directiva aborda la necesidad de proporcionalidad y relevancia en las solicitudes de información a los proveedores. Estas solicitudes deberán considerar la escala, la complejidad, las capacidades y las características de las empresas dentro de las cadenas de valor, con especial atención a las pymes.

Incluso así, es posible que las pymes aún no estén preparadas o ni siquiera sean capaces de informar exhaustivamente sobre su rendimiento en materia de sostenibilidad en los primeros años. Por este motivo, la CSRD prevé dos mecanismos para proteger a las pymes de demandas excesivas de sus clientes y proveedores, que a menudo son grandes empresas, y apoyarlas en la recopilación de datos para la presentación de información.

Un «límite de cadena de valor»

La CSRD estipula que las normas para las pymes cotizadas establecerán la información máxima que las NEIS pueden obligar a las grandes empresas a solicitar a las pymes dentro de sus cadenas de valor. Esta disposición sirve como una protección adicional contra requisitos de presentación de información excesivamente gravosos que puedan llegar a las pymes asociadas con empresas más grandes en las cadenas de valor. El EFRAG llamó a esta medida el «límite de la cadena de valor».

Las pymes no cotizadas representan, con diferencia, el mayor número de pymes en Europa y, aunque no están obligadas a cumplir las obligaciones de presentación de información sobre sostenibilidad en virtud de la Directiva contable, a menudo reciben solicitudes de datos de sostenibilidad por parte de diversos grupos de interés,

Iniciativas de apoyo a las pymes y la cadena de valor

Las pymes desempeñan un papel crucial en las economías emergentes, donde actúan como motores clave de la creación de empleo y la generación de ingresos, y contribuyen con hasta el 45% del empleo interno total y el 33% de los ingresos nacionales[6]. En los últimos años, se ha evidenciado que la presentación de información sobre sostenibilidad es un diferenciador competitivo crucial para acceder a las cadenas de valor globales y, por lo tanto, una herramienta esencial para que las pymes mejoren su competitividad y sus posibilidades de acceso al mercado. Para ilustrar los mecanismos de apoyo a las pymes, en cooperación con la Secretaría de Estado de Asuntos Económicos (SECO) de la Confederación Suiza, la GRI presentó el programa Corporate Sustainability and Reporting for Competitive Business[7] (CSRCB) para apoyar a las pymes en seis países: Colombia, Ghana, Indonesia, Perú, Sudáfrica y Vietnam. De 2016 a 2021, capacitó a más de 2.500 emprendedores de pymes en materia de presentación de información sobre sostenibilidad, a través de talleres y reuniones individuales.

6 *International Finance Corporation (IFC) annual report 2010: where innovation meets impact (Vol. 2) : IFC financials, projects, and portfolio 2010 (inglés).* Washington, D.C.: Grupo Banco Mundial. *http://documents.worldbank.org/curated/en/970081468331866551/IFC-financials-projects-and-portfolio-2010*
7 *https://www.globalreporting.org/public-policy/legislation-and-regulation/corporate-sustainability-and-reporting-for-competitive-business/*

como clientes, bancos e inversores. Para abordar esto, el EFRAG está desarrollando una norma voluntaria y simplificada adaptada a las pymes no cotizadas, de modo que puedan responder a las solicitudes de información sobre sostenibilidad de manera eficiente y proporcionada, lo que facilitará su participación en la transición hacia una economía sostenible.

A las grandes empresas se les han otorgado flexibilidades adicionales con respecto a requisitos específicos de divulgación medioambiental y social, que afectan a la presentación de información en toda la cadena de valor. Al ampliar el tiempo de preparación para informar sobre ciertos temas medioambientales y sociales, la Comisión Europea también está otorgando a las pymes más tiempo para prepararse para futuros requisitos de recopilación de datos. Por ejemplo, las empresas o grupos que no superen en su balance una media de 750 trabajadores durante el ejercicio económico (a nivel grupo, cuando corresponda) podrán omitir los datapoints sobre las emisiones de alcance 3 y las emisiones totales de GEI durante el primer año de preparación de su Estado de sostenibilidad. Se ha concedido un plazo adicional de uno o dos años para la presentación de algunos datos relacionados con los impactos sociales.

En la práctica, se ha introducido una flexibilidad adicional para minimizar el esfuerzo de presentación de información por parte de las empresas, reconociendo en algunos casos su capacidad limitada para recopilar datos complejos de sus proveedores y clientes. Se ha hecho posible el uso de aproximaciones creíbles para ayudar a las organizaciones a superar las dificultades en la recopilación de datos y la presentación de información y, al mismo tiempo, facilitar a los grupos de interés información significativa sobre su rendimiento en materia

de sostenibilidad. Estos pueden ser particularmente relevantes para los proveedores que intenten ofrecer a las empresas incluidas en el ámbito de aplicación una respuesta justa a sus solicitudes de información sobre cuestiones de sostenibilidad.

Tres años más

Las NEIS incluyen un período de transición de tres años para la presentación de información sobre sostenibilidad de los socios de la cadena de valor, con el objetivo de facilitar la presentación de información inicial para las grandes empresas y ayudar a las pymes de la cadena de valor a prepararse. Durante este período de transición, se aplican las siguientes condiciones:

- Si no se dispone de toda la información necesaria sobre la cadena de valor, bastará con que la empresa declarante explique los esfuerzos realizados para obtener la información necesaria sobre su cadena de valor, las razones por las que no se pudo obtener toda la información necesaria, y sus planes para obtenerla en el futuro;
- Al divulgar información sobre políticas, actuaciones y objetivos, la empresa declarante puede limitar la información de la cadena de valor a la información disponible interna y públicamente;
- Al divulgar parámetros, la empresa no está obligada a incluir información de la cadena de valor, excepto los datapoints derivados de otra legislación de la UE.

En términos de ejecución, los Estados miembros de la UE son responsables de ayudar a las pymes a través de medidas de apoyo financiero y organizativo (programas de información, ventanillas únicas, etc.)

GRI **CSRD** ESSENTIALS

LA GUÍA DEFINITIVA DE LA DIRECTIVA EUROPEA
SOBRE PRESENTACIÓN DE INFORMACIÓN SOBRE
SOSTENIBILIDAD POR PARTE DE LAS EMPRESAS

42

Actos de ejecución y delegados

Los actos delegados y de ejecución de la UE se consideran Derecho derivado, en contraposición al Derecho primario (reglamentos o directivas). Su objetivo es proporcionar un mecanismo flexible y eficiente para que la Comisión Europea adapte y ejecute medidas legislativas.

En algunos años, el Derecho derivado ha llegado a representar hasta el 90% de la legislación producida por la Unión Europea[8].

Delegación a la Comisión Europea

En el contexto de la legislación de la UE, la delegación de poder se refiere a la autorización otorgada por el legislador de la UE (generalmente, el Parlamento Europeo y el Consejo de la UE) a la Comisión Europea para adoptar actos legislativos en áreas políticas específicas. Esta delegación se recoge en el Derecho primario y permite a la Comisión complementar o modificar elementos no esenciales de la legislación. Sin embargo, esta delegación viene acompañada de límites y condiciones claros para garantizar la rendición de cuentas y la transparencia, y la Comisión debe actuar dentro del marco establecido por el legislador.

Acto delegado

Se trata de un acto legislativo derivado que la Comisión Europea está facultada para adoptar en virtud de la delegación de poderes del legislador de la UE. Los actos delegados permiten a la Comisión completar o modificar elementos no esenciales del Derecho primario, dentro de los límites fijados por el legislador. Estos actos legislativos son cruciales para la implementación efectiva de las leyes de la UE, ya que proporcionan reglas detalladas y especificaciones técnicas necesarias para garantizar la coherencia y adaptabilidad en diversas áreas políticas. El Parlamento Europeo y el Consejo tienen competencia para oponerse a un acto delegado propuesto por la Comisión Europea. En el Parlamento Europeo, esto puede ocurrir mediante una resolución de objeción que debe ser adoptada por la mayoría de los miembros del Parlamento Europeo que componen la asamblea, y no solo en función del número de votos efectuados (mayoría basada en la mitad del número de eurodiputados electos).

Acto de ejecución

Un acto de ejecución es un acto legislativo derivado adoptado por la Comisión Europea para garantizar la aplicación uniforme de los reglamentos o directivas de la UE en todos los Estados miembros. A diferencia de los actos delegados, los actos de ejecución no son delegados por el legislador, sino directamente ordenados por el Derecho primario. Contienen medidas específicas, como detalles técnicos o normas de procedimiento, necesarios para la aplicación práctica de la legislación de la UE. Cuando la Comisión Europea es responsable de proponer y adoptar actos de ejecución, debe consultar

Período de control

El período de control de un acto delegado en la Unión Europea es el período de tiempo específico durante el cual el Parlamento Europeo y el Consejo pueden revisar, y potencialmente objetar, el acto propuesto por la Comisión Europea. La mayoría de los actos delegados derivados de la CSRD tienen un período de control de dos meses, que puede ampliarse a cuatro meses a petición de los comités pertinentes del Consejo de la UE y del Parlamento. Los actos delegados a nivel de verificación tienen un período de control de cuatro meses.

con un comité compuesto por representantes de los Estados miembros en un proceso llamado «comitología».

Si el Parlamento considera que la Comisión se ha excedido en sus poderes delegados o si existen dudas sobre la legalidad o idoneidad de los actos de ejecución, puede expresar sus objeciones y potencialmente influir en el curso de acción de la Comisión, pero no tiene ningún papel directo ni en la modificación, ni en la adopción de actos de ejecución. Como tales, las resoluciones del Parlamento solo pueden ejercer una influencia indirecta sobre la Comisión, para quien no son vinculantes.

8 D. Guéguen and V. Marissen, *Handbook on EU Secondary Legislation*, Brussels, Pact European Affairs, 2013, p. 20

INFOGRAFÍA 10 **Derecho derivado exigido por la CSRD**

AD: Acto delegado

AE: Acto de ejecución

Categoría	Atributo	Fecha límite formal	Estado	Proporcionado a la Comisión Europea	Comentario
AD	CONJUNTO NEIS 1 – Independiente del sector	Junio de 2023	Publicado	EFRAG	12 normas https://webgate.ec.europa.eu/regdel/#/delegatedActs/2111
AD	CONJUNTO NEIS 2 – Normas sectoriales	Junio de 2026	Primer borrador	EFRAG	Normas adoptadas progresivamente: de 6 a 11 previstas para junio de 2026
AD	NEIS para pymes cotizadas	Junio de 2024	Consulta pública sobre el borrador	EFRAG	Se están ultimando los borradores; posible retraso previsto para el 1er trimestre de 2025 (por confirmar)
AD	NEIS para empresas de terceros países	Junio de 2026	Sin empezar	En revisión	Se centrará solo en la presentación de información sobre impactos en materia de sostenibilidad
AD	Normas de verificación limitada	Octubre de 2026	Sin empezar	Proceso interno a nivel de Dirección General	Se basa en el asesoramiento técnico de COESA
AD	Normas de verificación razonables	Octubre de 2028	Sin empezar	Proceso interno a nivel de Dirección General	A la espera de un informe de evaluación favorable de la Comisión Europea
AD	Taxonomía digital (normas técnicas de etiquetado y XBRL)	Sin fecha límite	Publicados los datapoints completos de las NEIS	EFRAG y AEVM	Primer borrador previsto para el 4º trimestre de 2024.
AE	Equivalencia con los reglamentos de presentación de información de terceros países	Sin fecha límite	-	Proceso interno a nivel de Dirección General	Liderado por la Comisión Europea
Directrices	Normas voluntarias para pymes	Junio de 2024	-	EFRAG	Se están ultimando los borradores; posible retraso previsto para el 1er trimestre de 2025 (por confirmar)
Directrices	Supervisión de la presentación de información sobre sostenibilidad de empresas cotizadas	Sin fecha límite	-	AEVM	La consulta pública finalizó el 15 de marzo de 2024
Directrices	Procedimientos de verificación	-	-	COESA	Las directrices se desarrollarán en julio de 2024, para su adopción el 4º trimestre de 2024

GRI **CSRD** ESSENTIALS

LA GUÍA DEFINITIVA DE LA DIRECTIVA EUROPEA
SOBRE PRESENTACIÓN DE INFORMACIÓN SOBRE
SOSTENIBILIDAD POR PARTE DE LAS EMPRESAS

44

Aplicación nacional y sanciones

La CSRD proporciona un marco armonizado para las empresas en materia de transparencia, contabilidad y auditoría, a la vez que permite flexibilidad a los Estados miembros para adoptar disposiciones en sus sistemas normativos nacionales.

Todos los Estados miembros deberán transponer la Directiva a su legislación nacional a más tardar el 6 de julio de 2024.

Los Estados miembros no tienen mucha flexibilidad en cuanto al contenido de las normas de presentación de información, ya que se establecen a nivel de la UE; sin embargo, deben incorporar las disposiciones de la directiva al marco legal nacional y publicar las disposiciones necesarias para cumplir la CSRD. En lo relativo a sanciones por incumplimiento, la directiva no es muy prescriptiva y deja a los Estados miembros definir las medidas de aplicación.

De hecho, la CSRD no introduce nuevas sanciones a las disposiciones existentes de la Directiva contable (artículo 51). Al igual que en el régimen anterior, los Estados miembros establecerán sanciones efectivas, proporcionadas y disuasorias para las infracciones de la directiva, que ahora incluye información sobre sostenibilidad. También están encargados de proporcionar los recursos adecuados a las autoridades supervisoras que vayan a controlar las prácticas de presentación de información sobre sostenibilidad por parte de las empresas. Por ejemplo, Francia ha introducido sanciones penales para los directores de empresas por no designar

a un auditor de la información sobre sostenibilidad y por obstruir una auditoría de sostenibilidad. Otro ejemplo es Hungría: si las empresas no cumplen las obligaciones de presentación de información ESG, la Autoridad Nacional de Supervisión de Actividades Reguladas puede imponer sanciones económicas.

Ámbito objetivo y aplicación: los Estados miembros deben garantizar que los requisitos de la directiva se apliquen a las empresas especificadas, incluidas las entidades de interés público (EIP) y otras que cumplan determinados criterios de tamaño. También son responsables de garantizar que las empresas respeten el contenido y el formato establecido de los estados financieros y de sostenibilidad anuales, incluido cualquier requisito de presentación de información electrónica.

Supervisión del cumplimiento: para garantizar el cumplimiento de los requisitos de presentación de información, los Estados miembros deben designar autoridades nacionales competentes (ANC) responsables de la supervisión de la implementación de la CSRD. Según el marco anterior de la NFRD, estas autoridades eran típicamente reguladores financieros u organismos relevantes, pero sus poderes de supervisión se limitaban a las empresas cotizadas. Con la integración de la información financiera y de sostenibilidad en un informe de gestión unificado, las medidas de supervisión aplicables a las entidades cotizadas ahora deberían extenderse a la presentación de información sobre sostenibilidad. Sin em-

bargo, los Estados miembros conservan la flexibilidad para decidir si amplían la supervisión administrativa por parte de las ANC a las empresas no cotizadas, si optan por otro organismo competente, o si dejan la gestión de los controles de cumplimiento en manos del sistema judicial.

Requisitos de auditoría: la directiva incluye disposiciones relacionadas con la auditoría de estados financieros y de sostenibilidad. Los Estados miembros son responsables de adoptar las normas sobre la auditoría de las cuentas anuales y consolidadas, incluido el nombramiento de auditores y la independencia de los auditores y de los proveedores de servicios de verificación independientes.

Por lo tanto, cada Estado miembro facultará a una autoridad nacional competente (ANC) para controlar posibles infracciones de estas disposiciones (por ejemplo, en caso de incumplimiento o falta de conducta ética) e imponer sanciones, incluidas multas u otras medidas disciplinarias. El importe de la multa puede variar según la gravedad de la infracción. En caso de falta grave, a los auditores se les podría retirar la acreditación, lo que significa que podrían perder la autorización para realizar auditorías. Además de las sanciones económicas, o en lugar de ellas, las ANC pueden exigir a las firmas de auditoría y a los prestadores independientes de servicios de verificación que adopten medidas correctivas para abordar las deficiencias identificadas en sus procesos de auditoría, control de calidad o cumplimiento de las normas profesionales. Se deberían aplicar requisitos

similares a los prestadores independientes de servicios de verificación en el futuro.

Supervisión pública y transparencia: las directivas enfatizan la importancia de la transparencia y pueden exigir a las ANC que hagan pública cierta información relacionada con las sanciones, respetando al mismo tiempo el secreto empresarial. En ese sentido, el Comité de Organismos Europeos de Supervisión de Auditorías (COESA) está a cargo de coordinar los organismos nacionales de supervisión de auditorías a nivel de la UE, incluso en ciertos aspectos relacionados con sanciones y con la aplicación transfronteriza. La CSRD también exige a la AEVM que emita directrices sobre la supervisión de la presentación de información sobre sostenibilidad por parte de las autoridades nacionales competentes.

GRI · **CSRD**› ESSENTIALS
LA GUÍA DEFINITIVA DE LA DIRECTIVA EUROPEA
SOBRE PRESENTACIÓN DE INFORMACIÓN SOBRE
SOSTENIBILIDAD POR PARTE DE LAS EMPRESAS

46

Glosario

Exención de responsabilidad: Las siguientes definiciones tienen como objetivo aclarar, simplificar y explicar conceptos clave de los documentos informativos. No reemplazan los actos legislativos ni las definiciones incluidos en los materiales de orientación elaborados por el EFRAG.

Impacto negativo: un impacto negativo se refiere a una consecuencia desfavorable o perjudicial que una actuación, decisión, política o evento en particular tiene sobre personas, grupos, organizaciones o el medio ambiente. Estos impactos incluyen cuestiones de derechos humanos como el trabajo forzoso e infantil, la salud y seguridad inadecuadas en el lugar de trabajo, la explotación de los trabajadores, los impactos ambientales (emisiones de gases de efecto invernadero, contaminación) o la pérdida de biodiversidad y degradación de los ecosistemas. Sin embargo, en lugar de especificar el impacto negativo mediante nuevas definiciones o criterios, la Comisión Europea ha optado por referirse a diversos instrumentos de convenciones y directrices. La identificación de impactos como negativos suele basarse en un análisis realizado por la empresa sobre la gravedad de los efectos, que incluye la escala del daño al medio ambiente y a las personas afectadas o potencialmente afectadas, la irremediabilidad y la probabilidad del efecto negativo sobre los derechos humanos y el medio ambiente.

Informe de gestión anual: documento que proporciona un resumen de la evolución del negocio de una empresa, los desafíos que suponen sus actividades y sus planes futuros, a lo largo de un año.

Verificación (verificación externa): el proceso mediante el cual un tercero independiente evalúa y verifica la exactitud, fiabilidad o el cumplimiento de la información o los procesos según normas de verificación acordadas. Esto puede incluir auditorías, revisiones o certificaciones realizadas por partes externas para validar la credibilidad y fiabilidad de las actividades, los informes o los sistemas de una organización. La CSRD exige que la presentación de información sobre sostenibilidad sea auditada por un auditor o un prestador independiente de servicios de verificación. La auditoría requerida corresponde a un servicio de verificación y tiene dos tipos de encargo: verificación limitada o verificación razonable.

Sucursal: en la legislación de la UE, una sucursal se refiere a un establecimiento creado por una empresa en un Estado miembro, pero fuera de su lugar principal de actividad. Básicamente, es como una oficina satélite o unas instalaciones de una empresa que opera en otro país dentro o fuera de la UE. Las sucursales permiten a las empresas ampliar su presencia y hacer negocios en varios países de la UE sin dejar de ser parte de la misma entidad jurídica.

Aseguradoras cautivas: una filial enteramente participada creada para proporcionar seguros a su sociedad (o sociedades) matriz no aseguradora. Las cautivas son una forma de autoseguro.

Etiqueta digital: una etiqueta o identificador específico asignado a un único elemento de información financiera o de sostenibilidad. Cuando una empresa presenta su información utilizando XBRL, asigna las etiquetas digitales pertinentes a cada dato en sus estados financieros y de sostenibilidad. Estas etiquetas digitales proporcionan una forma estandarizada de identificar y describir esos elementos, lo que facilita la homogeneidad y comparabilidad de los informes financieros.

Doble materialidad: el concepto que sustenta la CSRD, que establece que las empresas deben considerar e informar tanto de sus impactos en el mundo como del modo en que las cuestiones de sostenibilidad influyen en el bienestar financiero de la empresa. La Comisión Europea y el EFRAG están desarrollando material orientativo adicional sobre la evaluación de la materialidad.

Diligencia debida: el concepto de diligencia debida en materia ambiental y de derechos humanos puede describirse como los pasos prácticos para ayudar a las empresas a identificar, prevenir, mitigar, asumir responsabilidad y poner fin a los impactos negativos reales y potenciales sobre los derechos humanos y el medio ambiente. Concierne a sus operaciones, cadenas de valor y otras relaciones empresariales. El concepto de diligencia debida también está integrado en las recomendaciones de la Declaración Tripartita de Principios de la Organización Internacional del Trabajo (OIT), sobre las empresas multinacionales y la política social, y se especificó y desarrolló en las Líneas Directrices de la OCDE para Empresas Multinacionales y en la Guía de la OCDE para una Conducta Empresarial Responsable. La Unión Europea ha acordado un texto conjunto de la Directiva sobre Diligencia Debida de las Empresas en materia de Sostenibilidad (CSDDD), que establece obligaciones para las grandes empresas ubicadas y que operan en la UE en relación con los impactos negativos reales y potenciales sobre los derechos humanos y el medio ambiente, con respecto a sus propias operaciones, las de sus filiales y las realizadas por sus socios comerciales. La directiva fue adoptada formalmente por los responsables políticos europeos en junio de 2024.

Empresa en fases posteriores en la cadena de valor de la empresa que presenta información: cualquier empresa (por ejemplo, distribuidores o clientes) que recibe productos o servicios de la empresa.

Empresa en fases anteriores en la cadena de valor de la empresa que presenta información: cualquier empresa (por ejemplo, proveedores) que proporciona productos o servicios que se utilizan en el desarrollo de los propios productos o servicios de la empresa que presenta información.

Cifra anual de negocios: se refiere a los ingresos totales generados por una empresa, hecha la deducción de ciertos conceptos, como las descuentos sobre ventas, así como del impuesto sobre el valor añadido y otros impuestos directamente ligados a la facturación.

EFRAG: una organización público-privada que proporciona experiencia técnica y asesoramiento a la Comisión Europea en cuestiones contables, particularmente en el desarrollo y aprobación de las Normas Internacionales de Información Financiera (NIIF) y el desarrollo de las Normas Europeas de Información sobre Sostenibilidad (NEIS).

Directiva europea/Reglamento europeo: instrumentos legales emitidos por la Unión Europea que establecen objetivos específicos que todos los Estados miembros deben alcanzar y/o adoptar. A diferencia de un reglamento, que tiene un efecto jurídico directo e inmediato, una directiva proporciona un marco para que los Estados miembros desarrollen sus propias leyes nacionales para cumplir los objetivos de la directiva. En el caso de la CSRD, se ha dado poca flexibilidad a nivel nacional a la hora de adoptar las modificaciones de la Directiva contable.

Formato Electrónico Único Europeo (FEUE): el marco regulatorio introducido por la Autoridad Europea de Valores y Mercados (AEVM) como parte de los esfuerzos de la Unión Europea para mejorar la transparencia y accesibilidad de la información financiera. El FEUE exige que las empresas que cotizan en mercados regulados de la UE preparen sus informes anuales en un formato electrónico específico, conocido como Inline XBRL (eXtensible Business Reporting Language). Inline XBRL combina estados financieros tradicionales legibles por humanos con datos XBRL legibles por máquinas, lo que permite un análisis y recuperación de información financiera más sencillos.

Punto de Acceso Único Europeo (PAUE): un único punto digital de acceso a información pública financiera y no financiera sobre empresas y productos de inversión de la UE. Proporcionará una plataforma digital única para la recopilación, el almacenamiento y el acceso centralizados a la información ya publicada de conformidad con la legislación europea vigente, así como con las futuras directivas y reglamentos europeos. Esto incluye disposiciones reglamentarias de divulgación financieras y relacionadas con las calificaciones ESG, como el SFDR y la CSRD. La plataforma PAUE debería estar disponible a partir del tercer trimestre de 2027 y se implantará progresivamente.

Materialidad financiera: una cuestión de sostenibilidad tiene materialidad desde el punto de vista financiero si genera riesgos u oportunidades que afectan, o podrían afectar razonablemente, a la posición financiera, el rendimiento, los flujos de efectivo, el acceso a financiamiento o el coste de capital de la empresa, a corto, medio o largo plazo.

Materialidad en términos de impacto: una cuestión de sostenibilidad es de materialidad desde el punto de vista del impacto cuando se refiere a los impactos positivos o negativos, reales o potenciales, de la empresa sobre las personas o el medio ambiente a corto, medio o largo plazo. Las cuestiones de sostenibilidad de materialidad incluyen los impactos causados o a los que ha contribuido la empresa y los impactos directamente relacionados con las operaciones, productos y servicios de la empresa a través de sus relaciones empresariales.

Impacto: el efecto que la empresa tiene o podría tener sobre el medio ambiente y las personas, incluidos los efectos sobre los derechos humanos, relacionados con sus propias operaciones y las fases anteriores y posteriores de su cadena de valor, incluso a través de sus productos y servicios, así como a través de sus relaciones empresariales. Los impactos indican la contribución de la empresa, negativa o positiva, al desarrollo sostenible a corto, medio o largo plazo.

Prestador independiente de servicios de verificación (IASP): una empresa distinta de los auditores habituales de información financiera a la que los Estados miembros permiten auditar la información sobre sostenibilidad. Dependiendo de los marcos legales locales, los IASP pueden ser especialistas en sostenibilidad, organismos de certificación, abogados, o cualquier otra entidad que haya recibido una acreditación para verificar la presentación de información sobre sostenibilidad.

Impactos, riesgos y oportunidades (IRO): divulgaciones específicas en las NEIS que recogen los impactos, riesgos y oportunidades de las empresas.

Recursos intangibles fundamentales: recursos sin sustancia física que, solos o en conjunto con otros recursos físicos o no físicos, pueden generar un efecto positivo o negativo en el valor de la empresa a corto, medio y largo plazo. En términos prácticos, los intangibles generalmente se refieren al capital humano, intelectual y social de una empresa, como marcas registradas, marca/logotipo, directorio de clientes, reputación, etc. La CSRD añade una calificación de "intangible fundamental", que se refiere a un nivel de dependencia del modelo de negocio de la empresa de estos recursos intangibles.

Verificación limitada: el nivel de verificación en relación con la información que se divulga de acuerdo con las NEIS. Cuando los auditores realizan una verificación limitada, están afirmando que, de acuerdo con sus procedimientos y evaluaciones, no les ha llamado la atención nada que indique que la información revisada contiene incorrecciones significativas. Una evaluación de riesgos basada en verificación limitada se centra en las actividades de verificación detalladas sobre temas o datos que tienen un mayor riesgo de error u omisiones, y/o son de interés significativo para el usuario o grupo de interés. Como la carga de trabajo de los auditores es menor para la verificación limitada que para la verificación razonable, y se confía más en los procedimientos analíticos y de investigación, existe un mayor riesgo de que no se descubran errores u omisiones en el Estado. Como resultado, el prestador de servicios de verificación emite una conclusión con la observación «doble negativo», que significa que no ha tenido constancia de nada que indique que la información no se presenta de manera fiel, de acuerdo con los criterios de presentación de información. En el caso de una verificación limitada, el proveedor de la verificación a menudo realizará un muestreo de los datos fuente subyacentes en las empresas, pero la muestra será más pequeña que lo necesario para una verificación razonable.

Información de materialidad: cualquier información que pueda influir en las decisiones de los usuarios, incluidos los inversores y otros grupos de interés. La información es de materialidad cuando se podría esperar razonablemente que su omisión o incorrección influya en las decisiones que toman los usuarios de esa información, de acuerdo con los estados financieros o la presentación de información sobre sostenibilidad de la empresa.

Umbral de materialidad: en el contexto de la presentación de Estados desde una perspectiva de doble materialidad, se refiere a los criterios (cualitativos y/o cuantitativos) utilizados tanto internamente para las operaciones de la empresa como externamente para las preocupaciones sociales y ambientales más generales. Por lo tanto, es necesario establecer un umbral en cuestiones de sostenibilidad para determinar qué temas son de materialidad para la empresa. Establece el límite más allá del cual los impactos, riesgos y oportunidades de sostenibilidad se consideran de materialidad y proporcionan motivos para su inclusión en la información presentada por la empresa. En la legislación de la UE, los umbrales de materialidad se determinarán en función de la gravedad de los impactos negativos reales y de la gravedad y probabilidad de los impactos negativos potenciales.

Oportunidades: oportunidades relacionadas con la sostenibilidad con efectos económicos positivos.

Encargados de la elaboración: una persona o empresa responsable de preparar y presentar informes financieros o de sostenibilidad, ya sea de forma voluntaria o legal.

Verificación razonable: el nivel de verificación que describe un mayor nivel de confianza en la información presentada de acuerdo con las NEIS. Cuando los auditores realizan una verificación razonable, están afirmando que, de acuerdo con sus procedimientos y evaluaciones de auditoría, los estados financieros están libres de errores significativos. Requiere que el proveedor realice una evaluación de riesgos inicial y luego una investigación en profundidad, recopilando evidencia suficiente para poder ofrecer un nivel de verificación alto, pero no absoluto, en forma de opinión favorable redactada de manera positiva. Los auditores no controlan cada detalle proporcionado por la empresa, ya que esto sería demasiado complejo y costoso. Por lo tanto, se requiere un nivel de juicio profesional, basado en la competencia y la experiencia. Siempre habrá algunas incertidumbres o limitaciones inherentes debido a elementos subjetivos como las estimaciones, de ahí la expresión «alta», pero no «absoluta».

Indicador: se refiere a un sustituto utilizado para representar un aspecto específico del rendimiento o impacto de la sostenibilidad cuando la medición directa o la recopilación de datos es difícil o poco práctica. Por ejemplo, en la presentación de información sobre sostenibilidad medioambiental, una empresa podría utilizar el consumo de electricidad como un indicador creíble de las emisiones de carbono, si estas no se pueden medir directamente. De manera similar, en la presentación de información sobre sostenibilidad social, parámetros como la tasa de rotación de trabajadores o las puntuaciones de satisfacción de los trabajadores pueden servir como indicadores creíbles del bienestar o el compromiso general de los trabajadores. La credibilidad de un indicador depende de varios factores, incluida su relevancia para la cuestión de sostenibilidad que se está midiendo, la fiabilidad de la fuente de datos, la precisión del indicador para reflejar el fenómeno subyacente y la transparencia en cómo se selecciona y aplica en la presentación de información.

Riesgos: efectos económicos negativos potenciales o reales relacionados con la sostenibilidad que surgen de cuestiones ambientales, sociales o de gobernanza

que pueden afectar negativamente a los resultados financieros de la empresa.

Entidades pequeñas y no complejas: bancos que no superan determinados umbrales, como un valor total de activos inferior a 30.000 millones de euros y/o un bajo ratio de activos transfronterizos en más de un Estado miembro, y que normalmente no reciben ayuda financiera pública directa.

Grupos de interés: aquellos que tienen interés en la empresa, y que pueden afectar o pueden verse afectadas por las actividades de la empresa. Hay dos categorías principales de grupos de interés:

■ Grupos de interés afectados: personas o grupos cuyos intereses se ven o podrían verse afectados (positiva o negativamente) por las actividades de la empresa y sus relaciones empresariales directas e indirectas a lo largo de su cadena de valor;
■ Usuarios de los Estados de sostenibilidad: usuarios principales de la información financiera en general (inversores existentes y potenciales, prestamistas y otros acreedores, incluidos los gestores de activos, las entidades de crédito y las empresas de seguros), y otros usuarios, incluidos los socios comerciales de la empresa, los sindicatos y los interlocutores sociales, la sociedad civil y organizaciones no gubernamentales, los gobiernos, los analistas y los académicos.

Algunos grupos de interés pueden pertenecer a las dos categorías.

Cadena de suministro: la gama completa de actividades o procesos llevados a cabo por proveedores en fases anteriores a la empresa que presenta la información,

que proporcionan productos o servicios utilizados en el desarrollo de los productos o servicios propios de la empresa que presenta la información. Esto incluye proveedores en fases anteriores con los que la empresa que presenta información tiene una relación directa (a menudo denominados proveedor de primer orden) o una relación comercial indirecta.

Cuestiones de sostenibilidad: cuestiones medioambientales, sociales, económicas y relacionadas con los trabajadores; cuestiones de respeto de los derechos humanos, lucha contra la corrupción y los sobornos, y otras cuestiones específicas de la gobernanza de las empresas. Estos temas se definen con mayor precisión en las Normas Europeas de Información sobre Sostenibilidad (NEIS): por ejemplo, políticas de diversidad o trabajo infantil en relación con la gobernanza y los derechos humanos, respectivamente.

Presentación de información sobre sostenibilidad: el proceso de presentar de manera obligatoria o voluntaria, información relacionada con cuestiones de sostenibilidad, de conformidad con las NEIS.

Formato de la informacion sobre sostenibilidad: las especificaciones de un formato electrónico único de presentación de información, y el formato, estructura y lenguaje del informe de gestión.

Plan de transición para la mitigación del cambio climático: un plan que describe la hoja de ruta estructurada para que una empresa convierta sus objetivos medioambientales en medidas prácticas y estrategias de inversión, con el objetivo de cambiar sus operaciones hacia un modelo más ecológico y con emisiones de carbono más bajas. El plan debe adecuarse a los objetivos frente al calentamiento global establecidos por el Acuerdo de París y el objetivo de lograr la neutralidad climática para 2050, como se describe en la Ley Europea del Clima. Al participar en este proceso que abarca a toda la empresa, las empresas pueden mitigar los riesgos estratégicos y financieros asociados con la transición, identificar oportunidades comerciales y mejorar la transparencia para los inversores y los mercados financieros. Si bien la UE aún no ha proporcionado una definición legal para los planes de transición, marcos como la CSRD y las NEIS ofrecen directrices detalladas.

Los planes de transición abarcan varios elementos, tales como:

- objetivos de reducción de gases de efecto invernadero;
- estrategias de descarbonización;
- planes de inversión vinculados a los indicadores clave de rendimiento alineados con la taxonomía medioambiental de la UE;
- adecuación con estrategias comerciales generales y planificación financiera;
- procesos de aprobación internos y externos;
- seguimiento del progreso de la ejecución y evaluación de las emisiones.

Cadena de valor: el conjunto completo de actividades, recursos y relaciones involucrados en la creación y entrega de los productos o servicios de la empresa. Una cadena de valor abarca las actividades, recursos y relaciones que la empresa utiliza y en los que confía para crear sus productos o servicios desde la concepción

hasta la entrega, el consumo y el final de su vida útil. La cadena de valor incluye empresas (o proveedores) en fases anteriores y posteriores de la empresa.

Las actividades, recursos y relaciones relevantes incluyen:

- aquellos en las operaciones de la empresa, como recursos humanos;
- aquellos a lo largo de sus canales de suministro, marketing y distribución, como materiales, abastecimiento de servicios, venta y entrega de productos y servicios;
- los entornos financieros, geográficos, geopolíticos y regulatorios en los que opera la empresa.

Usuarios (de estados de sostenibilidad): son los usuarios principales de la información financiera en general (inversores existentes y potenciales, prestamistas y otros acreedores, incluidos los gestores de activos, las entidades de crédito y las empresas de seguros), y otros usuarios, incluidos los socios comerciales de la empresa, los sindicatos y los interlocutores sociales, la sociedad civil y organizaciones no gubernamentales, los gobiernos, los analistas y los académicos.

XBRL: Los datos etiquetados con XBRL son legibles por máquina, lo que facilita a los grupos de interés acceder, analizar e integrar información sobre sostenibilidad en diversas plataformas y sistemas.

GRI

CSRD ESSENTIALS

LA GUÍA DEFINITIVA DE LA DIRECTIVA EUROPEA
SOBRE PRESENTACIÓN DE INFORMACIÓN SOBRE
SOSTENIBILIDAD POR PARTE DE LAS EMPRESAS

51

Referencias

Referencias legales europeas:

- Directiva 2013/34/UE del Parlamento Europeo y del Consejo, de 26 de junio de 2013, sobre los estados financieros anuales, los estados financieros consolidados y otros informes afines de ciertos tipos de empresas, por la que se modifica la Directiva 2006/43/CE del Parlamento Europeo y del Consejo y se derogan las Directivas 78/660/CEE y 83/349/CEE del Consejo (Directiva contable)
  https://eur-lex.europa.eu/legal-content/ES/TXT/?uri=CELEX:32013L0034

- Directiva del Consejo 91/674/EEC relativa a las cuentas anuales y a las cuentas consolidadas de las empresas de seguros.
  https://eur-lex.europa.eu/legal-content/ES/TXT/?uri=CELEX:01991L0674-20060905

- Reglamento (UE) 2019/2088 del Parlamento Europeo y del Consejo de 27 de noviembre de 2019 sobre la divulgación de información relativa a la sostenibilidad en el sector de los servicios financieros.
  https://eur-lex.europa.eu/legal-content/ES/TXT/?uri=CELEX:32019R2088

- Reglamento (UE) 575/2013 del Parlamento Europeo y del Consejo, de 26 de junio de 2013, sobre los requisitos prudenciales de las entidades de crédito y las empresas de inversión, y por el que se modifica el Reglamento (UE) n° 648/2012
  https://eur-lex.europa.eu/legal-content/ES/TXT/?uri=CELEX:32013R0575

- Directiva 2013/36/UE del Parlamento Europeo y del Consejo, de 26 de junio de 2013, relativa al acceso a la actividad de las entidades de crédito y a la supervisión prudencial de las entidades de crédito y las empresas de inversión, por la que se modifica la Directiva 2002/87/CE y se derogan las Directivas 2006/48/CE y 2006/49/CE.
  https://eur-lex.europa.eu/legal-content/ES/TXT/?uri=celex:32013L0036

- Directiva 86/635/CEE del Consejo de 8 de diciembre de 1986 relativa a las cuentas anuales y a las cuentas consolidadas de los bancos y otras entidades financieras.
  https://eur-lex.europa.eu/legal-content/ES/TXT/?uri=CELEX:31986L0635

- Reglamento (CE) n° 765/2008 del Parlamento Europeo y del Consejo, de 9 de julio de 2008, por el que se establecen los requisitos de acreditación y vigilancia del mercado relativos a la comercialización de los productos y por el que se deroga el Reglamento (CEE) n° 339/93
  https://eur-lex.europa.eu/legal-content/ES/TXT/?uri=CELEX:32008R0765

- Reglamento (CE) n° 1606/2002 del Parlamento Europeo y del Consejo, de 19 de julio de 2002, sobre la aplicación de normas internacionales de contabilidad.
  https://eur-lex.europa.eu/legal-content/ES/TXT/?uri=CELEX:32002R1606

- Reglamento (UE) 2021/1119 del Parlamento Europeo y del Consejo de 30 de junio de 2021 por el que se establece el marco para lograr la neutralidad climática y se modifican los Reglamentos (CE) n° 401/2009 y (UE) 2018/1999 (Legislación europea sobre el clima).
  https://eur-lex.europa.eu/legal-content/ES/TXT/?uri=CELEX:32021R1119

- Directiva (UE) 2022/2464 del Parlamento Europeo y del Consejo de 14 de diciembre de 2022 por la que se modifican el Reglamento (UE) n° 537/2014, la Directiva 2004/109/CE, la Directiva 2006/43/CE y la Directiva 2013/34/UE por lo que respecta a la presentación de información sobre sostenibilidad por parte de las empresas, (Directiva de sostenibilidad o Directiva CSRD).
  https://eur-lex.europa.eu/legal-content/ES/TXT/?uri=CELEX:32022L2464

- Directiva 2009/138/CE del Parlamento Europeo y del Consejo, de 25 de noviembre de 2009, sobre el seguro de vida, el acceso a la actividad de seguro y de reaseguro y su ejercicio (Solvencia II) (versión refundida).
  https://eur-lex.europa.eu/legal-content/ES/TXT/?uri=CELEX:32009L0138

- Directiva 2004/109/CE del Parlamento Europeo y del Consejo, de 15 de diciembre de 2004, sobre la armonización de los requisitos de transparencia relativos a la información sobre los emisores cuyos valores se admiten a negociación en un mercado regulado y por la que se modifica la Directiva 2001/34/CE (Directiva sobre la transparencia)
  https://eur-lex.europa.eu/legal-content/ES/TXT/?uri=CELEX:32004L0109

- Reglamento (UE) 2020/852 del Parlamento Europeo y del Consejo de 18 de junio de 2020 relativo al

establecimiento de un marco para facilitar las inversiones sostenibles y por el que se modifica el Reglamento (UE) 2019/2088 (Reglamento sobre taxonomía).
https://eur-lex.europa.eu/legal-content/ES/TXT/?uri=CELEX:32020R0852

- Reglamento Delegado (UE) 2020/1816 de la Comisión de 17 de julio de 2020 por el que se complementa el Reglamento (UE) 2016/1011 del Parlamento Europeo y del Consejo en lo que se refiere a la explicación incluida en la declaración sobre el índice de referencia del modo en que cada índice de referencia elaborado y publicado refleja los factores ambientales, sociales y de gobernanza.
https://eur-lex.europa.eu/legal-content/ES/TXT/?uri=CELEX:32020R1816

- Reglamento Delegado (UE) 2020/1817 de la Comisión de 17 de julio de 2020 por el que se complementa el Reglamento (UE) 2016/1011 del Parlamento Europeo y del Consejo en lo que se refiere al contenido mínimo de la explicación del modo en que la metodología de los índices de referencia refleja los factores ambientales, sociales y de gobernanza.
https://eur-lex.europa.eu/legal-content/ES/TXT/?uri=CELEX:32020R1817

- Reglamento Delegado (UE) 2020/1818 de la Comisión de 17 de julio de 2020 por el que se complementa el Reglamento (UE) 2016/1011 del Parlamento Europeo y del Consejo en lo relativo a los estándares mínimos aplicables a los índices de referencia de transición climática de la UE y los índices de referencia de la UE armonizados con el Acuerdo de París.
https://eur-lex.europa.eu/legal-content/ES/TXT/?uri=CELEX:32020R1818

- Directiva 2003/87/CE del Parlamento Europeo y del Consejo, de 13 de octubre de 2003, por la que se establece un régimen para el comercio de derechos de emisión de gases de efecto invernadero en la Comunidad y por la que se modifica la Directiva 96/61/CE del Consejo.
https://eur-lex.europa.eu/legal-content/ES/TXT/?uri=CELEX:32003L0087

- Reglamento (CE) nº 1221/2009 del Parlamento Europeo y del Consejo, de 25 de noviembre de 2009, relativo a la participación voluntaria de organizaciones en un sistema comunitario de gestión y auditoría medioambientales (EMAS), y por el que se derogan el Reglamento (CE) nº 761/2001 y las Decisiones 2001/681/CE y 2006/193/CE de la Comisión.
https://eur-lex.europa.eu/legal-content/ES/TXT/?uri=CELEX:32009R1221

- Directiva (UE) 2019/1937 del Parlamento Europeo y del Consejo, de 23 de octubre de 2019, relativa a la protección de las personas que informen sobre infracciones del Derecho de la Unión.
https://eur-lex.europa.eu/legal-content/ES/TXT/?uri=CELEX:32019L1937

- Reglamento Delegado (UE) 2018/815 de la Comisión, de 17 de diciembre de 2018, por el que se completa la Directiva 2004/109/CE del Parlamento Europeo y del Consejo en lo que respecta a las normas técnicas de regulación relativas a la especificación de un formato electrónico único de presentación de información.
https://eur-lex.europa.eu/legal-content/ES/TXT/?uri=CELEX:32019R0815

- Directiva (UE) 2017/1132 del Parlamento Europeo y del Consejo, de 14 de junio de 2017, sobre determinados aspectos del Derecho de sociedades (versión codificada) (Directiva del derecho de sociedades).

https://eur-lex.europa.eu/legal-content/ES/TXT/?uri=CELEX:32017L1132

- Directiva 2006/43/CE del Parlamento Europeo y del Consejo, de 17 de mayo de 2006, relativa a la auditoría legal de las cuentas anuales y de las cuentas consolidadas, por la que se modifican las Directivas 78/660/CEE y 83/349/CEE del Consejo y se deroga la Directiva 84/253/CEE del Consejo (Directiva de auditoría).
https://eur-lex.europa.eu/legal-content/ES/TXT/?uri=CELEX:32006L0043

- Reglamento (UE) nº 1095/2010 del Parlamento Europeo y del Consejo, de 24 de noviembre de 2010, por el que se crea una Autoridad Europea de Supervisión (Autoridad Europea de Valores y Mercados), se modifica la Decisión no 716/2009/CE y se deroga la Decisión 2009/77/CE de la Comisión.
https://eur-lex.europa.eu/legal-content/ES/TXT/HTML/?uri=CELEX:32010R1095

- Reglamento (UE) nº 537/2014 del Parlamento Europeo y del Consejo, de 16 de abril de 2014, sobre los requisitos específicos para la auditoría legal de las entidades de interés público y por el que se deroga la Decisión 2005/909/CE de la Comisión.
https://eur-lex.europa.eu/legal-content/ES/TXT/?uri=CELEX:32014R0537

- Directiva 2014/65/UE del Parlamento Europeo y del Consejo, de 15 de mayo de 2014, relativa a los mercados de instrumentos financieros y por la que se modifican la Directiva 2002/92/CE y la Directiva 2011/61/UE (versión refundida).
https://eur-lex.europa.eu/legal-content/ES/TXT/?uri=CELEX:32014L0065

- Regulation (EU) nº 575/2013 (CRR), Definition of small and non-complex institutions and its applicability to

SSM-significant institutions (consolidation 2022). https://www.eba.europa.eu/single-rule-book-qa/qna/view?publicId/2022_6335

■ Reglamento Delegado (UE) 2023/2772 de la Comisión, de 31 de julio de 2023, por el que se completa la Directiva 2013/34/UE del Parlamento Europeo y del Consejo en lo que respecta a las normas de presentación de información sobre sostenibilidad (acto delegado de las NEIS) https://eur-lex.europa.eu/legal-content/ES/TXT/?uri=CELEX:32023R2772

Otras referencias:

■ Autorité des Normes Comptables (ANC), *Déployer les ESRS : Un outil de pilotage au service de la transition*, diciembre de 2023. https://www.anc.gouv.fr/files/live/sites/anc/files/contributed/ANC/2_Normes_internationales/NI%202022/Normes%20de%20durabilite/2023/Guide_application-sur-les-ESRS_2023.pdf

■ EFRAG, *ESRS Q&A Platform*, Compilation of explanations, January-July 2024. https://www.efrag.org/sites/default/files/media/document/2024-07/Compilation%20Explanations%20January%20-%20July%202024.pdf

■ EFRAG, *Implementation Guidance 1: Materiality assessment (IG 1)*, may 2024.

■ EFRAG, *Implementation Guidance 2: Value Chain (IG 2)*, may 2024.

■ EFRAG, *Explanatory note: List of ESRS Datapoints (IG 3)*, may 2024.

■ ESMA, *Guidelines on Enforcement of Sustainability Information*, 5 july 2024. https://www.esma.europa.eu/sites/default/files/2024-07/ESMA32-992851010-1600_Final_

Report_on_Guidelines_on_Enforcement_of_Sustainability_Information_GLESI.pdf

■ European Commission, *Questions and Answers on the Adoption of European Sustainability Reporting Standards*, 31 de julio de 2023. https://ec.europa.eu/commission/presscorner/detail/en/qanda_23_4043

■ Parlamento Europeo, *Press release on the Corporate due diligence rules agreed to safeguard human rights and environment*, 14 de diciembre de 2023. https://www.europarl.europa.eu/news/en/press-room/20231205IPR15689/corporate-due-diligence-rules-agreed-to-safeguard-human-rights-and-environment

■ GRI (Global Reporting Initiative), *External Assurance for Sustainability Reporting, a comprehensive guide*, 2023. https://www.globalreporting.org/Academy/Course?id=761

■ GRI (Global Reporting Initiative), *Estándares GRI Consolidados*, Resource center. https://www.globalreporting.org/how-to-use-the-gri-standards/resource-center/

■ GRI (Global Reporting Initiative), Guides for policy makers series, *Double materiality. The guiding principle for sustainability reporting*, 27 de marzo de 2024. https://www.globalreporting.org/media/rz1jf4bz/gri-double-materiality-final.pdf

■ OIT (Organización Internacional del Trabajo), Declaración tripartita de principios sobre las empresas multinacionales y la política social (Declaración sobre las Empresas Multinacionales), 24 de marzo de 2023. https://www.ilo.org/es/publications/declaracion-tripartita-de-principios-sobre-las-empresas-multinacionales-y-1

■ OCDE, *Guidelines for Multinational Enterprises*.

https://www.oecd.org/en/publications/oecd-guidelines-for-multinational-enterprises-on-responsible-business-conduct_81f92357-en.html /

■ OCDE, *Due Diligence Guidance for Responsible Business Conduct*, 2018. https://mneguidelines.oecd.org/OECD-Due-Diligence-Guidance-for-Responsible-Business-Conduct.pdf

■ Instituto Danés de Derechos Humanos, *How do the pieces fit in the puzzle? Making sense of EU regulatory initiatives related to business and human rights*, 29 de abril de 2024 https://www.humanrights.dk/publications/how-do-pieces-fit-puzzle-making-sense-eu-regulatory-initiatives-related-business-human

■ Naciones Unidas, *UN Guiding Principles on Business and Human Rights'*, 2011. https://www.ohchr.org/sites/default/files/documents/publications/guidingprinciplesbusinesshr_en.pdf

■ WICI (World Intellectual Capital Initiative), *Intangibles Reporting Framework, 2016, retrieved from EFRAG's academic report: a literature review on the reporting of intangibles*, febrero de 2020.

■ Grupo Banco Mundial, Corporación Financiera Internacional (CFI), *annual report 2010 : where innovation meets impact (Vol. 2) : IFC financials, projects, and portfolio 2010 (inglés)*. D.C. http://documents.worldbank.org/curated/en/970081468331866551/IFC-financials-projects-and-portfolio-2010